书香四季·畅享收获

80后 如何做好爸爸妈妈

为孩子的成长提供最给力的教育
中国第一部80后"自导自演"的教子力作
取材真实生活,128个80后家庭的现身说法

天赋教育在父母,培养出优秀孩子的宝贵潜质

凌泽贤◎著

北岳文艺出版社

图书在版编目（CIP）数据

80后如何做好爸爸妈妈 / 凌泽贤著. — 太原：北岳文艺
出版社，2011.2
　　ISBN　978-7-5378-3447-6

Ⅰ．①8…　Ⅱ．①凌…　Ⅲ．①家庭教育　Ⅳ．①G78

中国版本图书馆CIP数据核字　（2010）　第249188号

书　　名	80后如何做好爸爸妈妈
著　　者	凌泽贤
策划出版	徐现江
责任编辑	刘卫红
助理编辑	李向丽
封面设计	宋双成
出版发行	山西出版集团·北岳文艺出版社
地　　址	山西省太原市并州南路57号
邮　　编	030012
电　　话	18911770988　18911770989（发行中心）
	0351-5628688（总编办公室）
网　　址	http://www.bywy.com
E－mail	bywycbs@126.com
印刷装订	北京九天志诚印刷有限公司
开　　本	700×1000　　　1/16
字　　数	247千字
印　　张	20.5
印　　数	1—6000册
版　　次	2011年2月　第1版
印　　次	2011年2月北京第1次印刷
书　　号	ISBN　978-7-5378-3447-6
定　　价	30.00元

本书如有印装质量问题，由承印厂负责调换。

前　言

2010 年，标志着最大的 80 后已进入而立之年，你们也正式进入庞大的生育大军。动作快的，几年前就做父母了，但到目前为止，专为你们写的育儿书仍寥寥无几。因此，笔者就 80 后的普遍性格特征加以分析，并对此提出如何做父母的建议，意在解 80 后父母的育儿之难，从而避免让下一代人陷入上一代的教育误区和价值误区 。

80 后都已长大成人，有着引领潮流改变世界的魄力，只是在面对生儿育女之事时，显得经验不足。想要打破传统，却又常常犯常识性错误，给孩子的成长带来不良影响；想要用独特的教育方法去带孩子，却常常无意中把自己的缺点带给孩子；想要给孩子最好的生活条件，却常常忽略了自己的经济水平。

提起 80 后，我们很容易就联想到："个性""叛逆"，或者"桀骜不驯"。这样的一群人当父母，一定会有很多人不放心，怕他们的无痛呻吟影响了孩子，怕他们的"艺术家"气质影响了孩子，也怕他们的偏执消极影响了孩子。这些担心当然不是无中生有，很多 80 后的确具有这样或那样的缺点，甚至有的生完孩子就扔给父母，自己不管不问。可是，孩子是未来社会的主人，孩子的成长也离不开父母的教诲，为了祖国的花朵，为了未来社会的中流砥柱，给 80 后父母写一本育儿书实在太有必要了。

近两年，80后妈妈已经成为产后抑郁症的高发人群，究其原因无外乎几点，即生育前后心理落差大，工作与生育的冲突、抚养孩子的压力、生孩子的创痛等等。而这一切却没有得到足够重视，因此滋生了不少后果，比如无缘无故地流泪或觉得前途渺茫，更有甚者会有罪恶感产生、失去生存欲望。其实这一切并非必然，只要妈妈们能够正视个人角色的转变，家人能够对她们多加关心，情况自然会好转。这些在本书中都有收录，希望里面提出的建议能对80后妈妈们有帮助。

同时要说几句你们不爱听的话，80后男人可能太过年轻，或者从小受尽"恩宠"，因此责任心不够强，还不能承担家庭义务，本书在给80后爸爸敲响警钟的同时，也给出了一些可行建议。当然，书中所述肯定有限，作为头脑聪明、思想极其独特的一代人，原则之事点到为止即可，需要你们自己去发现、反思。值得一提的是，很多80后爸爸已摒弃了传统父亲形象，努力做起了哥哥爸爸，这点相当不错，但有点要注意，别对孩子太过宽容甚至纵容，父爱本身的间接与严厉也不可或缺。父亲不仅要树立朋友形象，更是一位英雄与一座靠山。

调整好为人父母的心态后，更多问题会接踵而来。孩子从一无所知的小毛孩成长为未来社会的焦点，这是一个相当漫长的教育过程，需要父母们各显神通，既要做到与时代同行，又要不失光荣的育儿传统。在这个过程中，父母们必定会发现更多问题，孩子慢慢长大，有了自己的思想，有时候不听父母管教，有时候又会受到父母玩笑话的影响，成长的每一步似乎都陷阱重重，父母不能不管，又不能全管。

其实这些和以往的育儿观念并没有冲突，只需要更近一步，因为时代在发展，社会在变迁，很多当时适用的观念拿到现在来看就显得老套和落后。比如学习问题、理财问题、情感问题，以前的父母可能只关注学习，忽视理财与情感，而80后父母肯定不能这样，你们得更重视培养孩子的能力，而不是传统教育下的应试机器。不仅要教孩子感性地面对生活，也要教孩子理性地面对困难与选择。同时，由于自小受到过多溺爱和保护，现在面对自己的孩子，家长们也会选择放手多于庇护。都在说"小鬼当家"，目前80后父母执行得不错，当然，这个过程中也会有困难和挫折，需要父母与孩子共同去面对和解决。

社会上议论纷纷的蚁族、房奴等大部分是80后，这种生活正折磨着绝大部分年轻人，那么这群人又该如何教育孩子呢？拥有高学历，没有高收入，没有充分的时间和精力照顾孩子，本书专门为这群人提出了相关解决办法，相信能分担他们的痛苦。

面对中国最大的一批生育主力军，如果没有一本专门写给他们的书似乎说不过去。面对社会的中流砥柱、国家的栋梁之才，如果想要糊弄似乎也不可能。因此，在写作之前，笔者对80后的现象做了大量调查了解，同时，也看了不少育儿书籍，力图把社会现象、80后特征与育儿方法相融合，使书稿更有价值与意义。

名为《80后如何做好爸爸妈妈》，最大的受众自然是80后父母，但这并不是一个绝对概念，70后与90后父母自然也可阅读，毕竟，教育在很大程度上都有相似之处，而且，关于初为父母的心理变化，每个父母也都会经历，不只是针对80后父母。

对于本书将要达到的目的，笔者不敢夸下海口，只希望阅读过后，年轻的父母们不再为子女的教育问题感到束手无策，方向渺茫。同时，也希望父母们可以通过此书让孩子们受到更好更完美的教育，真正成长为未来社会的焦点人物。

80后
如何做好爸爸妈妈

目录

1 **第一章** | 互相增强家庭观念：
为宝宝营造个性生长环境

> 家庭是一个融合了感情和物质元素的集体。良好的家庭观念是构建和谐家庭的关键。从某种意义上讲，80后的小夫妻们，对于婚姻和家庭的理解还不是很到位，仍旧处于成长阶段。你们刚刚脱离了父母的庇护，跟相爱的人建造了一个全新的家庭，生活从此有了巨大改变。婚前的爱是彼此的相爱，婚后的爱则牵扯到家庭的博爱，夫妻之情必须从爱情升华到亲情才能长久幸福，孩子则是联接这份幸福的纽带。

33 **第二章** **从美女过渡到辣妈：**
你既有性格又母爱"泛滥"

美女，此刻起你必须做好心理准备——有个小东西即将咿呀学语，亲切地毫无心机地称呼你为——妈妈！对于仍试图在爹妈面前撒娇的你来说，除了一丝丝不易察觉的感动外，肯定还有明显的压力。80后的你很可能是家里唯一或者唯二的公主，打小就浸泡在"爱"的坛子里。优越的生活，独特的个性，独到的见解，这些令你活得如沐春风。

当肚子里的小种子开始萌发的时候，觉得自己很伟大，很感谢妈妈赐予了你做妈妈的权利。然后就开始天花乱坠地幻想起孩子出生以后的情景，那是多么温馨，多么美好，但我又不得不给你泼瓢冷水：你对生活知之甚少，严重经验不足，按照目前的状况看，也许还不能胜任妈妈一职。

63 **第三章** 从潇洒哥到中流砥柱：
如何承担这份甜蜜的"父担"？

　　母亲是孩子温暖的港湾与依靠，是孩子成长中不可或缺的精神支柱；同样，父亲是孩子心中的大山和信仰，也是孩子必不可少的感情支柱。作为父亲，从现在开始，你要正式摆脱潇洒哥的形象，安心做一个稳健踏实、厚重如山的父亲了。不管你曾经有多么放荡不羁或是桀骜不驯，现在你都要统统收起来。因为，当你在亲爱的她身上播下种子的时候，你就该知道，你播下了希望，也播下了责任。

　　你从不怀疑自己的男子汉身份，那么，你也该在婚后承担起家庭的重任，成为家里的顶梁柱，以及孩子和妻子最可靠的大山。当娇小可爱的宝宝亲切地叫你爸爸时，你心里有如糖似蜜般的感觉，但沉醉的同时应该也会有些许担心，肩上的担子越来越重，你也在彷徨，该如何接受妻子给你的最好礼物，并用心做一个完美的父亲呢？

91 第四章 经久不衰的育儿一角：
"小帅"百炼成钢，"小乖"绕指为柔

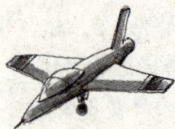

　　孩子是一个家庭未来的希望，是父母心中不可取代的宝贝。在教育孩子这个问题上，每个父母都有不同的看法。80后作为一个有思想有个性的群体，教育孩子虽然是八仙过海，各显神通。但目的只有一个，就是让儿女成为品质优秀、个性鲜明的出众人物。

　　一千个人眼中有一千个哈姆雷特，针对不同的孩子你不可能寻求到一个完全相同的教育方式，因为同样的方法，用在别的孩子身上合适，但是用到自己孩子身上，则可能格格不入。因此，你要动用储存多年的知识能量，好好地思量一番，如何让自家的小宝贝得到最好的最合适的教育方式？

121 **第五章** | 最轻松单纯的牵引：
让孩子走在美德的阳光大道上

你是前卫个性的父母，自然不想生出一个庸才，而一个完美宝宝必须是一个拥有美德的人。虽然社会上的美德渐失，但美德的故事依然振聋发聩，它们将会成为最轻松单纯的牵引，让你带领孩子走在美德的阳光大道上。

生活在社会主义国家，首先，你要让孩子具备爱祖国、爱人民、爱劳动、爱科学、爱社会主义的基本美德；同时，也不要忘了中华民族的传统美德，让孩子善良、勇敢、有责任心、诚实，只有这样，你的宝宝才是最具魅力的新新小孩。

153 **第六章** | **80后爸妈最清楚的事：**
孩子的性格主导着孩子的将来

作为21世纪社会发展的中坚力量，80后的你很清楚性格对人一生的影响。好的性格能让你的生活变得风调雨顺，能让你在工作上比别人少走很多弯路，同样，也能帮助你发挥潜能，尽情挥洒人生。

你坚信"性格决定命运"，作为父母，你无时无刻都想为孩子塑造一个好的性格。因为孩子的性格决定孩子未来的发展，是你教育孩子的重中之重。你知道，一个自信乐观积极向上的人，走到哪里都有自己的天空，都能活得自在快活；一个自卑悲观消极落后的人，无论走到哪里，也都不能安稳地生活。

183 第七章 弥补 80 后爸妈的遗憾：
让好习惯来监督孩子健康成长

　　或许是受到父母溺爱的影响，或许是没有接受过好习惯的教育，总之，或多或少的坏习惯一直跟随着你，让你去之不能又深受其害。你觉得很遗憾，为什么当初会养成这样的习惯？可是，习惯一旦养成，又很难更改，而且年龄越大越难改。你虽然讨厌这些坏习惯，可真让你改掉，你又觉得力不从心。

　　你希望孩子能够健康成长，不用像你一样，深受坏习惯的危害，但是习惯的养成是一个长久的过程，在这个过程中，孩子也许会有懈怠，这时父母不应该纵容他。作为父母，为了他能养成良好习惯，你必须严格要求他，以免他偏离了轨道。

213 **第八章** | **80后爸妈的超前胆识：**
偏要小鬼来"当家"

比起60后与70后，你更加懂得超前消费和超前享受，具有他人没有的超前胆识；和老一辈的父母不同，你也懂得尊重孩子，不仅给了孩子更多的自由，还常常跟孩子讲究平等，更加难能可贵的是，你给了孩子自主控制金钱的权利。

你一直鼓励孩子多想多做，甚至和孩子进行角色互换，让孩子体会当家长的威风。而且你也宽容地允许孩子多犯错误，认为错误是孩子成长过程中最好的老师，甚至狂妄地说："如果孩子在18岁之前经历了许多的事情，犯了不少的错误，那在他以后的人生中，将不会出现犯错这一现象。"虽然说得很绝对，但在让孩子当家这件事上，你很有魄力。

239 第九章 | 80后爸妈的感性折射：懂感情的孩子才有真灵魂

如果说强健的身躯是孩子革命的本钱，那充盈的情感则是孩子灵魂的润滑剂。孩子既有健康的体魄又有美好的灵魂，才能够在未来的生活中如鱼得水。因而，父母应该对孩子进行情商的培养，让孩子能够真正懂得感情。

作为中国第一代独生子女，很多80后都有感情淡漠的情况，然而，孩子的全面发展却离不开丰富的情感。所以，你必须克服情感冷漠的现象，用你的感性去影响孩子，让孩子学会珍惜感情。亲情、友情、爱情是孩子成长的每一步都不能缺少的情感，孩子只有真正懂得驾驭这些情感，他们的人生之路才能更加绚丽多彩！

第十章 | 80后爸妈的理性巩固：
先有理智的孩子再有未来的天才

如果感性认识可以让思维擦出火花，那理性认识无疑会让思维之火熊熊燃烧。通过感性认知，我们看到了世界的光怪陆离，而理性的认知则有助于我们看清事物的真实面目。

俗话说"冲动是魔鬼"，它不仅不能让我们解决问题，还可能让我们陷入更深的泥潭。与之相反，理性的思维更有助于我们看清问题的本质，进而更好地解决问题。在21世纪，一时冲动已经不再是自信、伟大的表现，成功的必备条件是用理性去分析问题解决问题。孩子的成长需要理性，它会让孩子变得理智和坚强，也会让孩子变得冷静和勇敢。

目录

289 **第十一章** | **80后爸妈的拉风意识：**
把孩子"打扮"成未来焦点人物

孩子是"未来社会的主宰"，如何教导孩子跟上时代潮流，如何用先进的思想武装孩子，已经成为新生代父母们全力追赶的目标。具有拉风意识的80后希望自己的小帅哥和小靓妹成为未来的焦点人物，引领时代潮流。无论是在穿衣打扮还是在思想意识上，孩子俨然成了父母的"代言人"，一直走在时代的最前沿。

在这个追求个性、标新立异的时代，与众不同且自成一派是众人眼中最拉风的形式，谁也不希望自己的孩子落后别人半点。然而，对于让孩子成为未来焦点人物这件事，你准备好了吗？你知道该如何包装吗？要知道，仅仅拥有前卫的穿着和个性的装扮是不够的，就算是学富五车，有令人叫绝的知识和技术也不一定能够成为焦点，最重要的是让孩子拥有各种各样的能力，能够适应社会发展的需要。

第一章

互相增强家庭观念：
为宝宝营造个性生长环境

家庭是一个融合了感情和物质元素的集体。良好的家庭观念是构建和谐家庭的关键。从某种意义上讲，80后的小夫妻们，对于婚姻和家庭的理解还不是很到位，仍旧处于成长阶段。你们刚刚脱离了父母的庇护，跟相爱的人建造了一个全新的家庭，生活从此有了巨大改变。婚前的爱是彼此的相爱，婚后的爱则牵扯到家庭的博爱，夫妻之情必须从爱情升华到亲情才能长久幸福，孩子则是联接这份幸福的纽带。

伟大的宝贝计划：
为生宝宝做好"硬件"准备

　　孕育是人生之大事、生命之接力。尚显稚嫩的 80 后们，更需要认真地对待如此神圣的大事。初为人父母，还不太会念"育儿经"，如果你想做一名合格的爸爸妈妈，你会发现：带孩子简直就是这辈子最大的事业，其他事都只是围绕着这件事打转而已。

　　"我的理想就是……任何事情都休想阻碍我坚持自己的理想"，别天真了！当你看着孩子咿呀学语，一天天长大，你就会发现，你的理想变得俗不可耐，你脑子里只有一个理想：就是想让孩子健康成长，拥有快乐平凡的人生。这是全天下父母最头疼的问题，也是全天下父母最幸福的理想。

　　如果说"软件"是指思想，那么"硬件"则是指身体。俗话说"身体是革命的本钱"，想要生出一个健康聪明的宝宝，你就必须制定一个详细而科学的"宝贝计划"，这样也不至于让养尊处优惯了的你，在面对即将降临的孩子时手足无措。

一直以来，我的朋友君君给人的印象都是时尚、个性，身材倍儿棒。一首结婚进行曲的播放，让君君从女孩升级为人妻，本以为婚后的女人会收敛很多，没想到君君反倒变本加厉地"珍惜"身材，生怕老公在外面拈花惹草。

鉴于君君的那份"珍惜"，她的身材越来越好，穿衣服也特别好看，让她的姐妹们非常羡慕。可这一切却让君君妈妈很担心：就剩一堆骨架子，好身材？成天瞎折腾，瘦得跟一块平板似的，咋受孕？！

实际上，这身材就算怀上了，生下来的孩子也绝对是先天营养不良。妈妈的羊水可谓精华，肚子里的孩子正是靠羊水成长，这种先天的营养比后天的进补强上 N 倍。

"君君，怎么就吃这么点饭，看你越来越瘦了，这可不行……"妈妈语重心长地劝她。

"瘦了？妈您都看出我瘦了，那估计可以去买那条紧身裤了！"听说自己瘦了，君君简直乐得两眼放光。

"减什么肥啊，都结了婚的人了，好好养养身体，趁着年轻赶紧要个孩子……"妈妈直摇头。

"妈，我看好多女明星都是这样，怀孕前几个月根本就不用进补，她们说孕妇进补的最佳时机是最后两三个月的事，因此即使怀孕了，前期都可以……"这一席荒唐的言论大概是君君从某些低俗娱乐节目里得知的，很多女明星还说"我天生就吃不胖，我是个大胃王……"可你并不知道，其实录完节目，她就饿晕在化妆间。

因此，强烈劝告大家不要过于迷信某些女明星的"美丽心经"，力求做个正常的家庭主妇吧，为孩子的健康做好"硬件"准备才是硬道理。多听专家的没错，当胎儿满三个月时，大脑的发育便进入了第一个高峰期，而且此时四肢也逐渐发育全，急需补充能量和营养，母体万万不可怠慢。

几年后的炎热夏天，君君终于被告知怀孕了。看着一家人极其兴奋地为小家伙规划这规划那，君君突然也有些兴奋，时不时地跑到商场的婴儿专区转悠，幻想着孩子出生后的种种快乐场景。

可能是被迁就惯了，君君一向要风得风，要雨得雨。天太热了，就喝绿豆汤、吃冰棍，躺在凉凉的地板上玩电动游戏，饿了再吃一根儿生黄瓜填肚子，既美白又减肥。对于一个孕妇来说，肠胃对冷东西非常敏感，你站在个人立场享受冷饮，孩子则在子宫里躁动不安，人家不安就要发出抗议啊，对于还未成型的胎儿来说，这就无异于你正在使劲摇晃一颗脆弱的果树，逼得果子提前落地。

在连续数天享受绿豆汤和冰棍后，君君的身体终于不对劲了，肚子突然疼痛不已，往马桶上一坐，肚子里咯噔一下，即使再迟钝的女人也明白大事不妙了！君君脸色苍白，起身往马桶里看，一洼鲜血……

孩子就这么流掉了，自己还得躺在手术台上做清宫手术，这可不像人工流产那样还给打麻药，医生是直接拿器具伸进子宫内去做"清洗"。相信女人们对做人流已不陌生，它已经导致了许多女人为此不敢再怀孕。

作为怀孕的妈妈，健康生活，不仅是对未来的孩子负责，也是对自己的一种保护。

反 思

　　爱美之心，人皆有之。女人最大的优势就是每个时期会有每个时期的美，孕妇的美在于母爱泛光，生机勃勃，你身材圆润更能说明你的自信与幸福，这也是那些穿紧身裤的单身"骷髅"姐妹们最嫉妒的事情。

　　每个准妈妈都必须高度关注身体健康，要胆大（勇敢）心细地完成这一神圣使命。当然，二不愣登的准爸爸们，为了孩子能够健康出生，你们也有相应的义务要尽。这项生产活动可不是女人们单方面就能干好的。

怎么做？

　　1. 准爸爸可能非常辛苦：戒烟戒酒，如果你老婆脾气不好，麻烦你最好连赌也戒掉，否则她突然不舒服就找你撒气了。不得不承认，可能你该做的都做得很好了，老婆仍旧会突然来阵脾气，正常，你要知道，她肚子里有个小家伙正在捣鬼。

　　2. 准妈妈从此就离不开育儿经了，怀孕前要做好失去好身材和热辣打扮的准备，你刚学会了照顾男人，马上又得学照顾小孩、教育小孩，麻烦着呢。另外，为了确保你生下来的小孩不会缺胳膊少腿儿，我建议你少上网，少接触刺激性强的物品，少去那些化学污染严重的地方遛弯，戒烟戒酒更是必须的。

　　3. 你不觉得你这个挑食的习惯其实很不好吗？既然如此，就别再打造一个比你更麻烦的小挑食鬼。粗食、细食、蔬菜、肉类要全面搭配进食，让孩子吸收到均衡的营养，当然，这除了避免制造出一个小挑食鬼外，还能让小家伙的体质更健康，你说是不是？

4. 天啊，别再吃肯德基麦当劳之类的垃圾食品了，它们已经残害了几代中国人，80后的智者们，赶紧打住吧。另外，那些"肥嘴不肥身"的火腿、腌肉、咸鱼什么的也尽量少吃，改为多吃水果多喝牛奶，这可以让小家伙的思维更加敏捷。

如何等待宝宝:
胎教给爸妈带来意外惊喜

　　小家伙把妈妈的肚子越顶越高,已经迫不及待地想见阳光了,小生命即将出世,你们向往、期待、紧张,在他们正式踏入社会之前,爸爸妈妈是否可以先传授点社会知识给他?

　　对胎儿进行信息等多感官的刺激,如音乐、光感和声音等,都可以刺激孩子脑部和智力的发育,这便是所谓"从零岁开始"的胎教。

　　当然,这里还有一个私心:胎教可以给父母带来不一样的惊喜,让小家伙自始至终都明白,爸爸妈妈就是他最亲近的人,并且双方之间早就搭起了沟通的桥梁。省得像我们这代人一样,跟父母的沟通成了老大难问题。

案例分析

　　张芸已经结婚两年了,和老公享受够了二人世界,现在决定生个小宝宝。顺利地怀上了孩子,也把婴儿用品准备得一应俱全,接下来该进行胎教了。

听说音乐胎教对孩子有好处，张芸夫妇恨不得把音像店搬回家。他们买了很多 CD，爵士、流行、古典、儿歌，应有尽有。其实没必要那么夸张，孕妇进行胎教的音乐风格可以偏向于轻松、优美，比如《摇篮曲》《雪绒花》《田园交响曲》等，也可以听一些如《我是草原小骑手》《粉刷匠》等轻松又诙谐的儿歌，只要能使孕妇和孩子都感到心情舒畅就 OK 啦！你盼子成才心切，但东西还是不要太过杂糅，否则孩子还未出世就被你俩折腾成了"四不像"，那多郁闷。

生活在科技时代的张芸，也查了胎教的相关资料，了解到音乐胎教适宜从宝宝孕育第 12 周开始，每天 1~2 次，每次不超过 20 分钟。同时，在胎教音乐的选择上，频率、节奏、力度等尽量要和宫内胎音合拍，这样才能更好地让宝宝感受到胎教音乐的魅力，达到最佳效果。例如：李斯特的《爱之梦》，其旋律轻柔优美，很适合做胎教音乐。

当然，怀孕的不同阶段对音乐的选择也各不相同。早期，孕妇应该保持心情舒畅，主要以轻松欢快的类型为主。根据了解的情况，张芸选择听约翰·施特劳斯的《维也纳森林的故事》；中期，宝宝发育开始加快，听觉功能也基本成型，交响乐或者一些低音的乐曲是不错的选择。这时候，张芸选择的是舒伯特的《鳟鱼》；后期，也就是即将分娩的时候，由于孕妇本身的急躁和胎儿的波动，这时候，就需要舒缓柔和的音乐，张芸希望和宝宝平静地走过这段非常时期，于是经常听勃拉姆斯的《摇篮曲》。

胎教音乐可以改善孕妇的不良情绪，使其产生良好的心境，当然，在这个过程中，腹中的胎儿也会受到感染。同时，优美动听的胎教音乐也能给在腹中躁动的胎儿留下深刻的印象，使他朦胧地意识到，世界是和谐美好的。

除了音乐胎教，在怀孕五个月时张芸夫妇还开始和胎儿进行沟通

交流。张芸坚持每天早晚和宝宝交流五分钟左右。每天早上起床她都先轻轻抚摸肚子，从左到右，从上到下，好像在叫宝宝起床，一边抚摸一边和宝宝喃喃细语："宝宝，该起床了！你看今天的天气多好啊，妈妈给你按摩按摩吧！你一定要健健康康，聪聪明明的哦！我和爸爸都很爱你！"千万不要小看母亲的抚摸，它会让宝宝感受到妈妈的浓浓情意，而且，通过抚摸，你也可以了解到宝宝的动态，如果宝宝很舒服，他就会在里面蠕动，好像在伸懒腰，如果踢妈妈的话，可能有两种情况，也许是舒展舒展筋骨，也许是有点暴躁呢，这时，准妈妈就要自我检讨了，吃的东西有不对的吗？最近几天情绪是否稳定？

和胎儿的沟通交流，不光是妈妈的任务，爸爸也要参与进来。比如在临睡前，老公可以摸着老婆的肚皮和宝宝进行交流，这样不仅可以增进夫妻之间的感情，也可以让宝宝和爸爸之间有更加深刻的联系。通过对胎儿的抚摸，父母与孩子之间交流了感情，而且激发了胎儿的运动积极性，可以促进宝宝出生后的动作发展。在动作发育的同时，也促进了大脑的发育，从而会使孩子更聪明。

宝宝在胎教的影响下得以顺产，不仅如此，四个月的他，比别的孩子都要机灵活泼，还有特别强烈的交流欲望。如果之前你还不信胎教，这下正好可以领教啦。

反 思

父母通过外界的刺激，可以让孩子的大脑变得敏感、活跃，有助于大脑发育，甚至可以提前激发出小孩子的天赋。值得注意的是，胎教只是辅助胎儿发育，孩子的成长并不完全依靠胎教。所以，准爸爸准妈妈们，不要过分迷信胎教，更不必费尽心思花钱去上一些胎教班，这样反而容易造成身体疲惫，对胎儿也不好。

怎么做？

1. 根据孕期的不同，准妈妈们要选择不同的音乐，早期：12周以内，以轻快为主；中期：12周~28周，可选择旋律比较强的；接近分娩期：28周以后，适合听比较舒缓的。每天听2~3遍，一次15分钟就能达到比较好的效果，切忌过多过杂。

2. 生命在于运动，即使怀孕了也不能例外。身为孕妇，还要注意保持体力，运动要适度。另外，选址也很重要，不要去高海拔高寒或是过于潮湿阴冷的地方，如果孕妇适应不了，可能会出现严重后果。比如：溶洞景区，高海拔的山峦。

3. 不要忘了和宝宝进行交流，在胎儿五个月时就适合做交流，可以在每天清晨、午后和睡前，和宝宝讲五六分钟的话，让宝宝能够感受到父母的重视。

4. 胎儿的感知器官非常灵敏，所以，他能感受到父母充满爱的抚摸。同时要注意，孕妇在早期：12周之前，是不适合做抚摸胎教的。从中期：13周~28周开始，孕妇可以先选择简单抚摸法，在肚子处于松弛状态——平躺、坐着的时候，手由上到下，由左到右地进行抚摸，大约八分钟，谨记不要时间过长。16周以后就可以进行拍打胎教，对自己的肚子轻轻地拍打，像是在哄孩子入睡一样，这样可以刺激孩子的感受能力，时间也是不宜过长，大约五~十分钟。六七个月后，孩子发育基本完成，听力大脑发育基本成型，这时候可以轻轻推动肚子，让孩子在肚子里运动，像做操一样，每天做五六分钟即可。

打造孩子的伊甸园：
不要让你的无痛呻吟、无端争吵影响孩子

在单位里，你总是和同事抱怨，老板太抠，工资好几年都没有长了，其实，你的工资待遇已经很好，回到家中，你也是不忘发牢骚，嫌挣钱太少不够花了，其实你银行里的存款在稳步上升；和朋友聊天时你也在唠叨，觉得日子过得单调乏味，其实你的生活已经够多姿多彩了。作为父母，你实在不该无痛呻吟，要知道，你每天的抱怨和牢骚都在给孩子传输一种消极的人生观，让孩子充满精神压力。

努力为孩子打造一个快乐伊甸园，让孩子能够拥有一个好的家庭环境。不要整天为了一些鸡毛蒜皮的小事争个你死我活，为了所谓的尊严和骄傲冷战到底，你们这样做，只会让孩子失去温暖的堡垒，影响孩子的身心健康。

案例分析

于曼是一个高级白领，老公是一个工程师，家里的经济条件宽裕，夫妻恩爱，还有一个可爱的女儿，生活非常幸福。但于曼特别喜欢

无痛呻吟，总能抓住一些鸡毛蒜皮的小事发牢骚，而且没完没了。

有时老公晚上有应酬，女儿问爸爸怎么还没回来，她就跟女儿说："你爸爸不要我们了，总是把我们母女俩抛在一边。真是个坏爸爸。"四岁的女儿哪里知道妈妈只是发牢骚而已，每次爸爸不回家，她就开始胡思乱想，以为爸爸真不要她了。小小年纪的她狐疑之心特别重，只要一离开爸爸妈妈，她就不自觉地紧张，生怕爸爸妈妈将她丢了。

爸爸没回家，女儿心里本来就有些难过，这时候，妈妈应该去开导女儿，告诉女儿爸爸是为了工作和家庭才会晚回来。于曼的牢骚，给女儿造成了困扰。

周末和闺蜜通电话，于曼又开始发牢骚："住两居的房子太憋屈了，可是房价太贵买不起大的，真是为难啊！"其实上周她还跟老公商量着要买个大三居呢！说起孩子，她也不忘抱怨，"现在的孩子多难养啊！你是不知道，我们家小丫头每个月花多少钱，没孩子多幸福，又自由又轻松……"妈妈的话让女儿更害怕，既然自己让爸妈那么不省心，那他们说不定哪天就不要我了呢？

妈妈的不断呻吟，让孩子饱受着精神压力，孩子每天都猜忌和担心妈妈的话，失去了天真活泼的心性！作为父母，也许你觉得自己的抱怨无伤大雅，可是孩子却会信以为真，甚至会因为受到父母言语的影响，失去正确的判断能力。

和睦的家庭对塑造孩子健康心灵有着不可忽视的作用，如果父母经常争吵或是冷战，那这个家庭一定不够温暖和舒适，孩子有可能会变得既敏感又脆弱。

飞飞和李瑞这对夫妻在事业上可谓黄金搭档，羡慕煞人，但私底下生活却并不乐观，两人脾气都很暴躁，两句话对不上就要开战，

双方谁也不肯服谁，并且经常当着女儿的面大动干戈，让女儿非常惊恐无助。

夫妻之间有些小矛盾纯属正常，偶尔吵吵小架也有助于促进夫妻间的情感交流。可当着孩子的面吵架却是不对的，应该尽量避开孩子，孩子的理解能力和接受能力有限，父母吵架容易对他的人生造成严重影响。

比如说飞飞和李瑞每次吵架，就以两人不欢而散结束，女儿只能躲在门后，一边看爸爸妈妈吵架，一边哭泣。她不明白，为什么平时和蔼的妈妈顷刻间变得歇斯底里？那么温和的爸爸也像老虎一样张牙舞爪？这些问题一直困扰着她，她无法接受这样的家。生活在父母营造的动荡家庭里，女儿变得非常胆小，只要家里有什么不同寻常的动静，她就会坐立不安，十分惊恐。

作为父母，你在给孩子提供好的物质条件时，也要照顾到孩子的精神需求，让孩子生活在一个和谐的环境中！

反 思

父母是孩子的第一任老师，家庭是孩子的第一个学校，父母的行为会对孩子造成很大影响。为孩子着想，你应该去除身上的毛病和缺点，不要在孩子面前无痛呻吟、无故抱怨，更不要把家弄成一个没有硝烟的战场。别忘了，对于孩子的健康成长，你有不可推卸的责任。

怎么做？

1．孩子是敏感的，所以，你要为他准备一个适合居住的环境，让孩子远离辐射刺激等一切有害的物质。

2．你也不希望生活在一个冷冰冰的家庭里吧！所以，尽量不要在孩子面前争吵或是大打出手，不要让孩子生活在充满战争或冷寂的生活里，那样对他们不公平。

3．你要不断与时俱进，也要不断加强自身修养，别再无痛呻吟了，做一个心态良好的家长，才会教育出一个有良好心态的子女。

4．"有其父，必有其子"，父母对子女的影响是不容忽视的，因此，无论在哪一方面，父母都要给孩子树立良好的榜样，让孩子从小就受到良好的熏陶。

爸妈撑起保护伞：
让孩子远离危险，健康快乐地成长

作为中国第一代独生子女，你备受父母的关爱。为人父母之后，你开始理解父母的含辛茹苦，同时也明白做父母的不易。

我该如何爱孩子？你在心里默默地问自己。你有坚硬的翅膀可以替孩子挡雨遮风，可你又怕过分关爱会让孩子失去承受风雨的能力。面对复杂的社会环境，你要教会孩子必要的求生手段，让孩子学会自我保护。

案例分析

每个父母都害怕孩子受伤害，想要拼了命地去保护孩子，但不会用正确的方法教育孩子，并不能真正地保护孩子。

大宝是个非常聪明的男孩，长得虎头虎脑，就是爱打架。每次打赢了父母就夸他棒，说他勇敢；被人打了，父母就气鼓鼓地想去找人家算账。

父母助长孩子嚣张气焰的做法，其实是不对的。首先，孩子的勇气不能靠打架衡量；其次，文明社会，武力根本不是解决问题的最佳方式；最后，打架并不能保护自己，因为任何打架的行为都存在着安全隐患。

这不，大宝又在幼儿园打架了，他划破了小朋友的脸，小朋友也把他的鼻子打破了。大宝回来哭得稀里哗啦，爸爸妈妈非常心疼。爸爸说道："儿子别哭，哪个臭小子敢打我的宝贝，明天爸爸就去找他算账。"妈妈也接过话茬："儿子，你要学聪明点，打得过就打，打不过就跑，不要傻乎乎地站着让人家打，知道吗？！"第二天，在幼儿园，爸爸妈妈当着大宝的面冲老师发火，让老师好好教训打破大宝鼻子的小朋友。听到父母在为自己打抱不平，大宝顿时更加神气了。

父母的做法不仅勾起了他的好斗心理，也助长了他的嚣张气焰。长此以往，孩子将有可能走上一条不归路，到时再后悔可就晚了。面对孩子打架的行为，父母不应该不问青红皂白就替儿子出气，而是要告诉孩子，拳头是解决不了问题的，遇到事情要学会商量。

彤彤是个可爱又聪明的小姑娘，虽然是父母的掌上明珠，但父母对她并不娇惯。五岁的她不仅懂礼貌，而且很热心。出门时，见到人甭管认不认识，她都会跟人家说"你好"，因此周围的人都很喜欢她。

那天在小区里玩，一个陌生人上来跟彤彤说话，问彤彤小区里的公共厕所在哪儿，让彤彤领着他去。彤彤一点戒备都没有就把陌生人带去厕所了。

父母们要注意，孩子热心肠爱帮忙没有错，但也要让她学会警惕，遇到陌生人时，要学会拒绝。就算要帮忙，也得在大人的陪同下，万不可独自一人跟陌生人走。

彤彤做完好事，回家后兴高采烈地向父母说了此事，希望得到父母的表扬。爸爸听完女儿的话，脸都吓白了，幸好女儿没事。平时一直教导女儿要善良，帮助需要帮助的人，却从没想过"防人之心不可无"。

现在社会变复杂了，让孩子学会保护自己，是十分必要的。"不要和陌生人说话"应该是每位小朋友的权利。父母在教育孩子养成好品质时，也应给孩子灌输危机意识，避免孩子因善良而被欺骗。

爸爸想了想，抱起女儿说："乖女儿，爸爸觉得你很棒，但下次如果有不认识的叔叔阿姨让你帮忙时，你来跟爸爸妈妈说，我们和你一起帮他，好不好？还有，你要记住，这世界上除了好人以外，还有坏人。不要跟陌生人说话，更不要和他们一起走。"

彤彤若有所思地点点头，用心记住了爸爸的话。

在提醒孩子远离危险的时候，父母不要把话说得太绝对，好的方面要鼓励孩子继续发扬，不好的则要提醒孩子避免。不要因为怕孩子受到伤害，就用"一刀切"的方式扼杀了孩子善良的天性和热心的品质。

反 思

作为父母，你不仅要保护孩子，更要教孩子正确保护自己的方法，不要因为心疼孩子就一味去帮助他，也不要只教育孩子懂礼貌乐于助人而忘记让孩子学会拒绝和戒备。当孩子能够自觉地抵御外界的不良环境和伤害时，你撑起的保护伞才算有效可靠。

怎么做？

1. 我知道你可以保护好孩子，但不能因为这样就剥夺孩子学习自我保护的机会；父母不可能永远陪着孩子，孩子的成长需要靠自己，在面对生活中的一些危险时，孩子们也需要学会去抵抗。

2. 你要为孩子营造一个安全的环境，不要让孩子因为你的疏忽而受到伤害。例如：安全用电，安全用火，让孩子远离电器、插座以及煤气等。

3. 家中要备医药百宝箱，作为父母，你也要了解一些简单的药物知识，当孩子出现一些小病小伤时，你能够第一时间帮孩子处理，以免耽误最佳治疗时间。

4. 父母要教会孩子警惕陌生人，学会说"不"。留心"小朋友，你可以帮我个忙吗？""小朋友，你看我的狗狗多可爱啊，一起来玩吧。"因为在这类话语的背后，有时候就是一个危险的陷阱。

爸妈与孩子的交往：
既血浓于水，更亲密无间

作为社会的中流砥柱，你知道该如何与人交往周旋，也很会体贴朋友或领导，但在家庭生活中，你却不会巧妙运用这一套去对待孩子。脱去一身装束的你，在孩子面前，却成了霸道无理的强权代表，以至于让孩子对你产生抵触情绪。

真正懂得教育孩子的父母，应该在孩子困惑时给他贴心支持，在孩子迷茫时给他真诚鼓励，要知道，孩子的自信、坚强、果断、谦虚、宽容等性格特点的形成，都与和父母的良好沟通分不开。

案例分析

十岁的小小个性乖巧，性格温和，有一群很好的姐妹。小姐妹们喜欢谈论班里的事情，比如老师的性格特征、外貌特点，班里的男孩子谁调皮捣蛋老是挨批评，女孩子谁最讨人喜欢等等。妈妈不喜欢女儿那么八卦，因此时常警告她："小屁孩儿不好好学习，净聊些乱七八糟的事！以后不许胡说了！"弄得小小在伙伴们面前抬不起头来，伙伴们也觉得跟小小聊天只会讨没趣，于是慢慢地也不跟她聊天了。

其实，孩子之间应该有些可爱调皮的话题，而且又无伤大雅，妈妈本不该过问，甚至还可以和孩子们聊聊天，了解一下女儿在学校里的情况。

表面上，小小的确不再和小伙伴唧唧喳喳，安分了很多。可是，孩子的内心却十分压抑，找不到宣泄的出口，于是就把内心的不满往日记本上堆积。

妈妈也许觉得孩子们嚼舌根是不对的，需要管束。在妈妈看来，这些聊天不仅不能促进孩子的学习，而且还会拉孩子的后腿，让孩子不能安心学习。

但妈妈生硬地打断孩子和朋友的快乐谈话是不对的，这种做法不仅不能使孩子融入集体当中，还会让孩子慢慢丧失与人交流的能力。其实，只要妈妈能够晓之以情，动之以理，和孩子好好交流，孩子一定能够理解妈妈的苦衷。何必以伤了孩子面子（小孩的自尊心比你想象中的更强）的方式来达到教训的目的呢！

新宇妈妈最近一直很惆怅，原先活泼开朗的儿子忽然不见了。为什么会这样呢？这要从妈妈身上说起了。

妈妈十分看重新宇的学习成绩，希望他把所有的精力都放在学习上，不允许他在其他方面花一点心思。在妈妈眼里，新宇所喜欢的课余活动都是些无聊又浪费时间的事，因此经常限制新宇做这做那，可是男孩子天性爱动，好奇心又强，怎么可能把心思全放在学习上呢？

为了自由，新宇没少和妈妈吵架，可毕竟是个小孩子，怎么能拗得过妈妈的强权呢？到了周末，其他同学都能去郊区游玩或者安

排别的娱乐活动,新宇却被母亲关在家里看书、做题。几乎每个周末,这母子俩都要闹个小小的别扭,到最后,妈妈锁住了新宇,却锁不住他的心。新宇虽然在家里待着,但学习成绩不仅没有上去,反而下降了,这把妈妈气坏了,于是更加限制他的自由。

妈妈只站在大人立场限制孩子的行动是不可取的,她不了解新宇的内心,不知道新宇的真正需求,在和孩子交往的过程中,只做到了血浓于水,却忘了亲密无间。

一个周末,学校组织班级足球赛,新宇作为班里的主力军上阵。可妈妈认为新宇最近成绩下滑厉害,需要在家温习功课,不能参加足球比赛。新宇试着说明这次集体活动的意义,可妈妈什么都听不进去,把他的球衣球鞋全部收了起来。

这件事情,让新宇在同学们面前抬不起头来,缺少他的加入,球队最终没能赢得比赛,这也让同学们对他颇有怨言。渐渐地,新宇就丢失了活泼开朗的个性。

从一个活泼开朗的小男孩变成一个郁郁寡欢的人,新宇经历了一个痛苦的过程。而在这个过程中,妈妈的做法或许是导致问题出现的关键因素吧!如果妈妈能降低身段,以一个朋友的身份去和孩子进行交流,或许会有意想不到的收获。

反 思

可能正是你的独断,扼杀了孩子天性中与父母亲近的因子,让父母与子女之间形成代沟。如果父母和孩子能够敞开心扉,将各自最真实的想法表达出来,或者使用换位思考的方法,经常站在对方的角度考虑问题,我想,家长与孩子之间的就不会有隔阂和代沟了。

怎么做?

1. 不要限制孩子的自由，甚至还可以陪同孩子做游戏、看动画、聊天等，这些都是与孩子交往的上佳手段。

2. 在做决定之前，最好先站在孩子的角度想一想。想了解孩子的思想，和孩子进行平等的沟通很有必要。

3. 好孩子是鼓励加表扬培养出来的，不是打出来的。孩子都有上进心，如果父母能够对孩子多多鼓励，而不是做什么都泼冷水，那孩子将会用自己的进步回报你。

4. 你和孩子沟通了吗？你了解孩子的想法吗？如果没有，你就不应该武断地阻止孩子，批评孩子。沟通是解决问题的良药，通过沟通了解了孩子，你和孩子才会成为既血浓于水又亲密无间的知心朋友。

爸妈与孩子的互动：
孩子，我可以和你一起玩吗？

　　小时候，你是不是曾经为了和小伙伴们跳房子而忘记回家吃饭？或者为了一个弹珠而和平时要好的小伙伴闹个不可开交？

　　不错，孩子都喜欢玩游戏。如果想跟孩子有进一步交流，不妨学几手亲子游戏。研究表明，亲子游戏有助于孩子创造力发展，而且能培养孩子人际交往兴趣以及促进交往能力发展。让孩子在游戏中得到进步，是一件多么快乐的事啊！那么，就请你抽出宝贵时间，和孩子一起玩吧！

案例分析

　　六一儿童节快到了，小朋友们都兴高采烈，只有丁丁闷闷不乐，还一副茶不思饭不想的样子。什么原因呢？原来，爸爸妈妈工作太忙，不能来参加六一儿童节的活动。

　　家长因为工作忙而忽视孩子的要求，在生活中很常见。一些家长只想着给孩子最优越的物质条件，从来没想过孩子也有情感需求，也需要父母陪伴。好的物质条件固然重要，但精神上满足才会让孩子长成一个心理健全的人。

父母平时因为工作忙，很少和丁丁在一起。他们总是说："爸爸妈妈需要挣钱，挣了钱才能给丁丁买好吃的好玩的。"懂事的丁丁虽然心里落寞，却很少吵闹。但是这次不一样，六一儿童节是小朋友的节日，而且那一天幼儿园要举行"家庭总动员"式的运动会，就是想让孩子和家长融为一体，拉近彼此关系。

丁丁满怀希望地回家跟爸爸妈妈说了这件事，蛮以为爸爸妈妈会一口答应他，谁知道竟遭遇了双双拒绝。"乖儿子，爸爸妈妈最近真的太忙了，没办法抽开身去参加，你跟老师说我们下次补上，好不好？"一听这话，丁丁的眼泪就掉下来了："为什么你们总是不跟我玩？小朋友的爸爸妈妈都去，你们不去的话，同学们会说我没有爸爸妈妈！"爸爸妈妈依然没有松口："丁丁，爸爸妈妈每天忙得连觉都睡不好，真没有时间。"丁丁听到父母这样说，头也不回地跑了出去。

孩子渴望和父母在一起玩，是多么自然的一件事情！可在家长们日益忙碌的今天，这件事却成了许多孩子的奢望。家长为了打拼，放弃和孩子在一起的机会是非常愚蠢的！孩子的成长只有一次，而赚钱的机会却有很多，所以，父母们千万不要本末倒置，失去与孩子亲近的机会！

西西是个聪明的小丫头，特别喜欢看故事书，看完之后还喜欢绘声绘色地给大家讲，每次西西讲故事时，爸爸妈妈总是聚精会神地听着，还时不时问个关于故事的问题，像是没听懂。在西西的讲解下，他们又表现出恍然大悟的样子，这让西西非常自豪。

父母怎么可能会不理解这些故事呢？他们是在调动孩子的积极

性，和孩子形成互动，让孩子不光是在讲故事，而且能够透彻地理解故事。

一天夜里，西西又在给父母讲故事了，爸爸突然跟她说："西西，你看你讲故事已经讲得这么好了，是不是可以自己编故事了啊！我们来玩个编故事的游戏怎么样？"西西听到还有编故事的游戏，兴奋得不得了："好啊好啊，我最爱玩游戏了，什么编故事的游戏啊？"妈妈也在一边附和着："是啊，你快说什么游戏，我们和西西一起玩。"爸爸故作神秘地说："我给你们出三个词语，你们自己想故事，但必须把这三个词语用到故事里，否则就算游戏失败。""好呀好呀，来吧来吧！"西西兴奋地站在了沙发上。妈妈说："嗯，不错，不过你肯定输了，西西一定是赢家，对不对？"西西扬起小脸骄傲地说："我可是故事大王，怎么可能难得倒我呢？"爸爸微笑着说："那你听好了，我出的词是：家、宝宝，还有爱。"妈妈看了爸爸一眼，生怕西西讲不了，没想到西西的小脑瓜一歪，顺口就讲了出来："从前有个小女孩叫西西，是家里面的宝宝，她的家是一个充满着爱的家，每个人都很爱对方。"故事很短，但爸爸妈妈却被孩子的故事感动得哭了。

多么聪明的父母和孩子啊！父母通过游戏的方法和孩子形成互动，同时让孩子体会到父母的爱，从而使孩子和父母的心能够更加紧密地连在一起。

反 思

我知道你承受着很多压力，工作很忙，加班很累，还有很多生活上的琐事要处理，但这统统不是你拒绝与孩子玩耍的理由。与孩子互动不仅可以增加你与孩子之间的感情，也可以使你忘记一切烦心事，得到良好休息，而且这种互动可以激发你对孩子的爱，这样浓烈的爱也会让你更有勇气去面对生活和工作上的压力。另外，亲子游戏还有益于儿童各方面的发展，儿童会把在亲子游戏中获得的对待物体的态度、方式、方法以及人际交往中的态度、方式、方法迁移到自己的现实生活中去。

怎么做？

1. 你完全可以成为孩子的玩伴，只要你愿意和孩子一起去游戏，与孩子在游戏中建立的感情会让孩子更愿意与你亲近，也方便你与孩子的交流。

2. 不要一直工作，要学会放松下来，享受生活，享受与孩子在一起的快乐。再多的物质享受也替代不了父母在孩子心中的地位，所以，你要多抽时间陪陪孩子，让孩子能够亲身感受父母的温暖。

3. 你知道孩子喜欢什么游戏吗？你了解孩子爱看的动画片和童话吗？父母与孩子互动的前提就是有共同语言，想要深入了解孩子，就必须进入孩子的世界。

4. 孩子，我可以和你一起玩吗？多向孩子发出这样的邀请。和孩子在玩耍中进行互动，让孩子不知不觉中与父母建立亲密的联系。不要因为忙碌而拒绝孩子的邀请，否则，他幼小的心灵会受到打击。

第七节

看 80 后蚁族、
房奴们如何带孩子

随着 80 后富二代的突出，穷二代也逐渐进入人们的眼球。2009年，一部电视连续剧《蜗居》红透大江南北，关于普通 80 后的生存话题也被人们提上议程。我们要生活，就要住房，而房价的攀升让很多刚出社会的 80 后无法实现基本的住房要求。面对这一问题，有的人选择做蚁族，等积蓄了足够的力量再爬出蚁穴；有的人则安心蜗居，守在自己的一亩三分地上；有的人则用未来的金钱买现在的房子，心甘情愿地当起了房奴。

随着而立之年的临近，越来越多的 80 后步入婚姻的殿堂，当起了爸爸妈妈。那些在社会底层的 80 后们，又是如何当爸爸妈妈的呢？那些蚁族、房奴们又是如何带孩子的呢？

案例分析

从蜗居到房奴，郭海萍所做的一切都是为了孩子。在电视剧《蜗居》里面，主角海萍为了让孩子成为城市的一员，享受最好的教育

和条件,硬是留在了大城市。身无分文的她和丈夫两个人打拼,租一间十几平方米的筒子楼,可谓艰辛。孩子出生以后,小小的蜗居根本住不下那么多人,只能任由妈妈把孩子抱回老家带,这样一来,就掐断了孩子与母亲的亲近。放假时,海萍回家看望女儿,女儿对她很冷漠,不让她亲也不让她抱,在女儿犯了错,海萍要女儿自己选择惩罚方式时,小女孩竟然说:"妈妈抱抱。"女儿选择的惩罚方式,让海萍伤心之余也想到,不应该和女儿分开,不应该让妈妈把女儿带回老家抚养。

作为蚁族,相信你也曾遇到过这样的问题吧!虽然生活在城市里,但生存条件不容乐观,甚至更为艰辛。但为了自己的城市梦,你依然坚守在这里。只是,在有了孩子之后,你要更多地去为孩子着想。成为蚁族,不是一个孩子应该承受的,他应该幸福生活,无拘无束,而不是被房子束缚。于是,你想到把孩子送回老家,自己在城市奋斗,让孩子跟老人一起生活。但这样也有弊端,海萍就是一个很好的例子。用孩子与父母的关系去换金钱,是多么得不偿失的一件事啊!孩子在幼年时不能享受父母的爱,对他的人生也会有一定的影响。

海萍回城市以后,立马想着买房子,要把女儿接过来住,宁愿当房奴也不愿再忍受母子分离的痛苦。其实海萍的想法是对的,不管生活多么艰辛,孩子都要和父母在一起,同欢乐共患难的一家人,才是真的一家人。

思琪和老公都是普通的 80 后,大学毕业以后,他们放弃回老家的打算,一起留在了大城市。开始时,两人分别和同学合租房子,直到结婚才租了一个十几平方米的房子过二人世界。有了孩子之后,他们依然生活在那个小房子里,思琪专门辞了工作在家照顾小孩,

老公一个人在外面打拼。

虽然生活辛苦，但是他们对待孩子却格外舍得，奶粉要进口的，纸尿裤要名牌的，衣服也是非名牌不要，他们的理念就是："不要让孩子输在起跑线上"。

其实，思琪和老公这样带孩子是不对的，不让孩子输在起跑线上讲的是父母对孩子的教育上，而不是在物质上的享受。先不说自己的经济条件有限，就算是有一定的经济基础，父母也不应该用物质享受来代替对孩子的教育。

蜗居了三年，孩子如今都满地跑了，思琪家里的存款本上还是分文未进，老公没日没夜地干还是个月光族，思琪也开始着急起来。再过一两年孩子就要上学了，到时候可怎么办啊！但这时候，思琪也没有想过去工作，她觉得孩子需要她的照顾，自己一步也不能离开。

家里的经济不宽裕，就需要夫妻双方共同改善，哪能只依靠一个人的力量呢！其实，思琪完全可以出去上班，白天把孩子放到托儿所，夜晚再接回来。

作为蚁族、房奴，你的经济条件可能并不好，你不得不付出比别人多几倍的努力才能获得成功，所以，不必追求过多的物质享受，夫妻双方要共同努力，争取早日脱贫致富，搬离蜗居，脱掉房奴的帽子，成为房子真正的主人。

反 思

孩子的成长真的需要很多关心和爱，需要一个良好的生存和成长环境，所以，80后的蚁族、房奴们，在要孩子之前，你一定要审时度势，做好一系列准备，不要让孩子从出生起就没有着落。作为一个有知识、有文化的年轻人，你不光要拥有满腔热情，更要有实现理想的能力。虽然暂时你是落魄的，但是，你要有走出阴霾的勇气。因为作为父母，你有义务为孩子创造一个良好环境，让孩子能够健康成长。

怎么做？

1. 在缺少抚养孩子的经济条件之前，尽量不要孩子。不要让孩子从出生就受到不公平待遇，每个孩子都应该拥有一个无忧无虑的童年，不能让孩子因为家里的经济状况一直生活在焦虑之中。

2. 在有了孩子之后，要根据自己的经济状况养育孩子，而不是无条件满足孩子的物质要求。这样，孩子长大后才能接受平平淡淡的生活。

3. 最好不要把孩子完全扔给他的爷爷奶奶。孩子需要和父母生活在一起，有些教育只有父母能给，其他人给不了。

4. 不要因为自己生活在社会底层就丧失信心，要有往上爬的勇气。不断提高和深化自己，以寻求更好的工作机会来提高收入，全力以赴为孩子创造良好的成长环境。

第二章

从美女过渡到辣妈：
你既有性格又母爱"泛滥"

美女，此刻起你必须做好心理准备——有个小东西即将咿呀学语，亲切地毫无心机地称呼你为——妈妈！对于仍试图在爹妈面前撒娇的你来说，除了一丝丝不易察觉的感动外，肯定还有明显的压力。80后的你很可能是家里唯一或者唯二的公主，打小就浸泡在"爱"的坛子里。优越的生活，独特的个性，独到的见解，这些令你活得如沐春风。

当肚子里的小种子开始萌发的时候，觉得自己很伟大，很感谢妈妈赐予了你做妈妈的权利。然后就开始天花乱坠地幻想起孩子出生以后的情景，那是多么温馨，多么美好，但我又不得不给你泼瓢冷水：你对生活知之甚少，严重经验不足，按照目前的状况看，也许还不能胜任妈妈一职。

思想意识需拐弯：
如何接受"家庭主妇"之残酷现实

结婚前，你是踏在时尚尖端的前卫女子，你招摇过市，嚣张花哨，恨不得全世界男人都拜倒在自己的迷你短裙下。但你还是被另一半降服了，披婚纱的那一刻，是你人生美丽的巅峰，褪下之后就该面对柴米油盐酱醋茶的日子，还没从辣妹成功转向家庭主妇，紧接着又怀孕生孩子了，你一边妄想着像从前那样任性地逛街，一边又是孩子"拖累"着你。别说简单 Shopping，甚至连化妆都要小心谨慎，不光是你，普遍的 80 后准妈妈都一时无法接受这赤裸裸的现实。

其实，做家庭主妇不一定就是残酷的事，干家务不一定有多困难，柴米油盐酱醋茶也并不俗气，照顾小宝宝更是一件温馨美好的事。80 后的年轻妈妈们，只要我们正确对待自己身份的转变，就算家务缠身，宝宝哭闹，我们照样可以和小 S 一样，做一个超级性感的辣妈。

　　杨霞是一个典型的都市女子，独立，自信，还有一点娇气个性与优越感。她与大多数的 80 后女子一样，有着自己的追求与梦想，当然也有自己的坚持。

　　生活自然地迈着步子，推动着杨霞成为老公眼中最美丽的新娘，孩子的到来却让杨霞有点小郁闷。杨霞的观念是，我还没玩够呢，我可不想照顾什么事都不懂的小豆丁，等他会叫妈妈哄我开心的时候再跟他斗智斗勇，相亲相爱吧！

　　杨霞跷着脚躺在床上看着老公跟撒尿的宝宝奋战，并不时地指挥老公怎么攻占有利地形。老公手忙脚乱弄了很久，终于搞定了宝宝，成功地把湿湿的纸尿裤扔进垃圾桶。

　　渐渐地，老公的手法越来越熟练，而杨霞还是个甩手掌柜，孩子都很少抱。儿子在老公悉心照料下健康地成长着，转眼已经半岁，看着如此可爱的宝宝，杨霞也会忍不住要抱一下，但孩子每次都很不给面子地大哭。可是，老公一抱，儿子立马不哭了，还带着眼泪对老公一个劲儿地笑，这让杨霞颇为不满。

　　"为什么我一抱他就哭？不喜欢我吗？"杨霞决定虚心求教。

　　老公笑着搂过杨霞："傻瓜，小孩子也是有意识的，你对他好了他才会对你好啊，以后我们一起照顾宝宝，只要他感觉到妈妈的爱就会要你抱的。"

　　杨霞委屈地点了点头，原来小屁孩也有情感需要啊！以后不能怠慢了，不然她不认我这个妈妈可惨了。看来真要转变观念，接受自己已经成为"家庭主妇"的现实，学着做一个好妈妈了。

　　作为 80 后的新时代女子，杨霞的情况是普遍存在的，她们也知道要怎么做一个好妈妈，只是观念还没转变过来，心想年轻的我们怎么会一下子就成了孩子的妈呢？他们逼迫自己维持着结婚前的生活方式和习惯，直到有一点触动才突然醒悟，原来，做孩子最需要的妈妈是如此的幸福。

章叶是家里的独生女，父母眼里的公主，老公眼中的天仙，也是公公婆婆的宝贝媳妇。怀孕以后，她更是家里的焦点人物，全家人都围着她转，生怕没照顾好她。但是，孩子出生以后，家人把所有的注意力都集中在小宝宝身上，对她的关心比以前少了，章叶觉得自己才是主角，家人这样，无异于把她抛弃了，她气愤地想："孩子是我生的，我才是功臣，这个小屁孩算什么，凭什么跟我抢关爱？"

章叶这种以自我为中心的想法自然是欠妥的。有了孩子之后，她应该自觉地从主角地位过渡到配角，甘心为孩子服务，再说，孩子是从她身上掉下来的肉，家人爱孩子就是爱她啊！然而，章叶并不这么认为，她觉得所有人都在忽视她，关心她也是为了让孩子能够吃到母乳，心里很是愤愤不平，有一天竟然冲老公发起火来："你每天只知道儿子，一点也不关心我，孩子出生之前，你都是以我为主的，现在呢，你整天都围着孩子转，完全把我晾在一边了。"

章叶根本没有意识到自己是一个母亲，要多为孩子着想，还把自己当成娇气公主，竟然和孩子争起风吃起醋来，"唯我独尊"的她完全不能接受家人为了孩子忽视她的现实，一直把孩子当做敌人。

"叶叶，为什么你会对儿子充满敌意呢？"老公问道。

"他一出生，就抢走了所有属于我的东西。你们整天都围绕着孩子，一点也不关心我。"章叶回道。

"傻丫头，我们给你买营养品，让你多吃饭，还不算关心你吗？"老公接着说。

"你们都是为了孩子，我不过是个奶瓶子罢了。"

　　"给儿子喂奶是一个妈妈的责任，作为一个母亲，你也应该和我们一样去关心和爱护孩子啊！"老公语重心长地说。

　　章叶不再说话，老公微笑着说："叶叶，这段时间我们的确是以孩子为中心了，你应该知道，孩子是一个家庭的希望。他还那么小，需要更多关怀和照顾，你是孩子的妈妈，应该是他最亲近的人，不能和儿子争风吃醋，知道吗？！"章叶羞红了脸。

　　一个女孩成长为女人，心理有一个转变的过程，只有她意识到自己身份的变化，才能够成为一个合格的家庭主妇，合格的妈妈。

反　思

　　我知道你有一个多姿多彩的世界，你是这个独特世界里的公主，有王子送你玫瑰，有骑士为你牵马，你在这个世界里生活得自由自在，无拘无束。你无法想象如果离开了这个世界，自己是否能够适应。当孩子来敲你世界的门，你困惑极了，你怕孩子影响你公主的地位，不愿意正视孩子的到来。你依然为所欲为，我行我素，不知道自己的行为会影响孩子的发展，甚至会在你和孩子之间形成一道鸿沟。我多想告诉你，孩子的到来不会影响你的生活，只会给你带来乐趣。做一个王后一样会有缤纷美丽的世界，而且，还会多一个小王子或小公主的守护。

怎么做？

　　1. 你已经荣升为妈妈了，不用我说，你也要清楚自己身份的转变。不可以再像以前那样任性了,也不可以和孩子抢地盘,现在的你,身负重任。你是孩子的妈,是家里的女主人,你应该脱离以前的自己,接受成为家庭主妇的现实。

2. 何为妈妈? 不要以为生完孩子任务就完成了,其实,你的工作才刚刚开始。作为妈妈,你要学会照顾孩子,和孩子建立一种亲密的关系,不要让孩子失去母爱的关怀。

3. 是不是有些不习惯自己的新身份啊? 婚姻生活的确有别于结婚之前,有孩子与没有孩子也是大相径庭,这些不同是必然的,你必须要接受。你要做的就是调整好自己的心态,让自己尽快地融入到新生活中来。

4. 不要把想法闷在心里,大家都是成年人,有事多沟通嘛! 刚开始进入一个新的角色,难免会不适应,有些委屈也很正常,把这些都说出来吧! 坦然去面对这些问题,要比憋在心里生闷气强多了。

一只"母鸡"：
母爱从此一发不可收拾

从女儿到母亲，你经历了一次蜕变；从体会母爱到付出母爱，你觉得自己得到了升华。你为孩子付出一切，甚至说自己像一只母鸡，为儿消得人憔悴。但如果母爱一发不可收拾，泛滥成灾，将孩子淹没的话，对孩子也是一种伤害。邓颖超曾经说："母亲的心总是仁慈的，但是仁慈的心要用好，如果用不好的话，结果就会适得其反。"

母爱不能泛滥，同时也不可或缺。母爱是一种精神，她让我们从不谙世事的靓妹变为成熟稳重的辣妈；母爱是一种力量，她让我们从不敢面对困难挫折到勇于承担痛苦煎熬；母爱更是一种高尚的情感，她不仅能滋润我们的内心，而且可以温暖孩子的生命旅程。

案例分析

2006年12月27日，对大多数人来说，是最普通不过的一天，但对于熊丽，却有不一样的意义。这一天，年轻貌美的她，永远失去了娇好的容颜；这一天，她用坚强和毅力，造就了一个母爱传奇。

熊丽是湖北省仙桃市某剧团的一名花鼓戏演员，就在那一天，她遭遇了一场异常惨烈的车祸，当时，她已经怀有六个多月的身孕。车祸后，熊丽的全身被严重烧伤，仅仅在腹部有两块完整的肌肤，那是两个完整的手印，是熊丽在危险之中用母亲的本能保护幼小胎儿的有力凭证。

更让人震撼的是，为了不让腹中的胎儿受到影响，熊丽拒绝了使用抗生素的提议，任由浑身被烧伤的创面日渐恶化。面对这永远不可能再恢复的身体伤害，熊丽硬是用自己伟大的母爱战胜了困难，在不使用任何麻醉及止疼药品的情况下，经过了37个日夜之后，迎来了腹中小生命。

熊丽用她本能的毅力跟死神赛跑，艰难地忍受着疼痛，内心深处的母爱，让她清楚知道，作为一个母亲，一定要让宝宝安全来到人世。就是死，也要为宝宝争取每一分每一秒，只要有一线希望，就不会放弃。

母爱，是一种本能，是每个女人当了母亲之后都会自然而然产生的一种情感。它是孩子成长中不能缺少的阳光雨露，可是，没有章法不懂收敛的母爱也会让孩子那棵还没长成的小苗被吞噬。因此，80后的妈妈们应该知道，母爱再多，也不能泛滥，泛滥的母爱就如同慢性毒药，会危害孩子的健康。

"妈妈，我要汽车。"文博指着橱窗里的小汽车对云云说。"乖儿子，这个小汽车我们家里已经有一个了，不要买了好不好？"云云好声好气地对孩子说。"我不要家里的，我就要这个。"文博蛮横地说，一副不得到汽车誓不罢休的样子。"你已经有好几辆汽车了。"云云叹了口气，抱着儿子要离开。"不，我就要，就要……呜……"儿子手脚开始乱动，小脸哭得通红。云云看着哭得上气

不接下气的儿子，心疼之余把小汽车买了下来。在云云的宠爱下，孩子完全听不进妈妈的话，说什么就是什么，云云一点办法都没有。

80后妈妈，千万不要像云云这样爱孩子！这种做法，不仅不会使孩子健康成长，还会使孩子变得毛病多多。要知道，妈妈无节制地纵容，会让孩子得寸进尺，甚至会变得霸道。

云云可不这么想："就这么一个儿子，还不得好好爱啊！有点小毛病怕什么，他长大了自然知道改。""文博，妈妈饿了，把你的薯片给妈妈吃点好吗？"云云逗儿子。文博看看手里的薯片，又看看妈妈的脸，最后不舍地摇了摇头："不，妈妈饿了应该吃饭，不能吃薯片。""哈哈，儿子，你跟谁学得这么小气啊！"云云被儿子拒绝的理由逗得哈哈大笑，不仅不觉得失落，还为儿子能找到冠冕的理由而高兴。

孩子不懂分享，也不知道心疼妈妈，云云不知道教育，还用微笑鼓励孩子自私的行径，真是太可悲了，很快，云云就尝到了用泛滥的爱去溺爱孩子的后果。

一天，云云心血来潮："妈妈最爱的就是文博了，文博是不是也最爱妈妈啊？"云云一脸期待地看着儿子。"才不是呢！文博也爱文博。"儿子骄傲地说。云云不再笑了，原来，自己一直宠爱的儿子，竟然不知道爱妈妈。

看到了吧！妈妈的溺爱不仅造成孩子自私、任性、霸道和无理取闹的坏毛病，还让孩子失去爱别人的能力，只会被动接受，不会主动付出。可想而知，这样的爱该有多可悲！

反 思

母爱，很多时候就是生活中平凡的爱，但也可以是拿生命去换的大爱。当生命遭难，疼痛袭来，面容被毁，你是不是能够一如既往地爱孩子，并保护他们不受伤害呢？

我知道你内心汹涌着母爱的狂潮，你可以舐犊情深，可是，孩子太小，经不起这样的冲击，爱，是一点一滴的汇聚，不是海啸般的泼洒。请记住，孩子的心是一块没有开垦的荒地，不仅需要阳光的照耀，也需要雨水的浇灌。地里长草的时候，也需要妈妈去帮他拔掉，不能因为孩子怕疼，就让杂草长满孩子的心间。

怎么做？

1. 作为孩子的妈，你一定要理性对待孩子的要求。对孩子过分溺爱，有求必应，只会造成孩子自私、任性、心中无他人，也会影响孩子的成长成才。

2. 让孩子学会自己做决定，从精神上独立起来，不再依赖妈妈。而且，不要做孩子的老妈子，跟在他后面替他收拾残局，让孩子学会自理。

3. 不要永远站在孩子这边，他错了就是错了，你要及时指出来，不要帮他找借口。你的帮助不仅是偏激的表现，也会让孩子变得偏激，不知进取。

4. 母爱泛滥成灾，只会伤害孩子。我希望你更多地关注孩子的精神世界，让孩子成为一个内心强大的人，而不是只把爱心用在照顾孩子生活起居上。

宽容的威信：
让孩子对你既爱又畏

在朋友眼中，你是善解人意的闺蜜知己；在下属眼中，你是精明干练的女中豪杰；那么，对待孩子，你是不是也该拥有宽容又威严的个性？自信满满的你，也是这么要求自己的。你知道，做孩子敬爱的妈妈，是一件很美妙的事情。

越美好的事情越难办，这就好比一棵要保护小树的大树，既要让小树受到风雨的洗礼，又要保证小树不受到风雨的摧残一样。你既要严厉地指出孩子的错误，勒令其改正，又要向朋友一样对他和颜悦色，想想都很难。但你不能因为困难而不去努力，只要你把握好教育的尺度，控制好自己的情绪，你一定可以做一个既宽容又有威信的妈妈。

案例分析

衣着时尚个性独特的小龄是个 80 后辣妈，性格火爆的她对儿子十分严厉。小龄的观点是"孩子不打不成才，坚决不能让孩子毁于溺爱"。 80后偏激的个性在这个观点上体现得淋漓尽致，虽然看起来是有些荒唐。不溺爱孩子没错，但也不能用暴力方式对待孩子。

屈服于小龄棍棒下的儿子，对她是避之不及，生怕什么地方做得不对又要受一顿皮肉之苦。儿子的疏远当然躲不过小龄的眼睛，她很快就这种情况进行了分析。其实，她很清楚和儿子的相处方式存在问题，但她并不认为是自己的错误，也没有反省自己的行为，甚至是一错再错。

放学回来后，儿子把课本摊在桌子上准备写作业，看到花盆想浇水，却不小心把课本打湿了。"唉，又要挨打了！课本啊课本，你快点干吧！别让妈妈发现你是湿的。"儿子一边擦拭课本，一边祈祷着。

"儿子，作业写得怎么样了？"小龄推开儿子的房门。

"还没写好呢！"儿子吓了一跳。

"怎么了？我是母老虎吗？说句话你都能吓成这样！"小龄来到儿子身边。

"这是怎么回事？课本怎么全湿了？"小龄的声音立即变了，"是不是因为贪玩把课本弄湿的？"

"此刻要是说实话，妈妈的巴掌立马就会打到我屁股上。"儿子心想，"要想屁股不开花，就不能让妈妈知道。"

"呃，今天值日时同学不小心把水洒到课本上了。"儿子打定主意不告诉妈妈实话。

"是这样啊！以后注意点！别傻乎乎地看到别人洒水还不知道躲！"小龄把刚举起的手放了下来。

为了不使妈妈的魔爪拍下来，儿子成功地打造了第一个谎言。

看来，小龄的威严已经开始起反面作用了。孩子本来是单纯又无辜的，就算偶尔犯些小错，也是成长过程中的一些历练。妈妈不

应该为了孩子的一些小错就大动肝火，其实，只要你告诉孩子正确的道理，孩子自会明白妈妈的苦心。

"圆圆，你想不想看看真正的小蝌蚪长什么样啊？"同学问道。"当然想啊！上语文课时我还在想，要是能看到小蝌蚪找妈妈就好了。"圆圆回答。"太好了，我们一起去看吧！听说学校后面的池塘里有很多小蝌蚪。"放学后，同学拉着圆圆直奔池塘。

那天正好是外婆的生日，妈妈一大早就跟圆圆说："放学赶快回家，一起去给外婆过生日……但得先回家完成作业，如果回家迟了，作业写不好，外婆就盼不到我们了。"

小孩哪里长记性，看见小蝌蚪就忘了别的事，妈妈在家都望穿了眼睛还等不回圆圆，跑到学校去找，守门的大爷说，圆圆跟几个同学到学校后面的池塘看小蝌蚪去了。果然，当妈妈发现圆圆时，她正跟几个同学趴在池塘边上，看得津津有味儿。

"圆圆，妈妈早上跟你说过什么？"妈妈忍着一肚子气，还好，总算孩子没出事。

"啊——妈妈，对不起，我们要去外婆家……"圆圆恍然大悟，并等待着妈妈大发雷霆。

"嗯，现在还来得及，不过你先失约了，因此晚上回来后必须先完成作业才能睡觉，要么就不去外婆家，你可以完成作业，吃晚饭，然后按时睡觉……"妈妈跟圆圆商量这件事，表情非常认真严肃，但并不给圆圆压力，只是让她选择一种为自己的错误买单的方式。

"妈妈，我担心作业写不完，还是留在家里写作业吧，祝外婆生日快乐。"圆圆在脑子里回忆一下作业题，颇感压力，于是放弃了去外婆家做客的机会。

妈妈感到非常欣慰。于是鼓励圆圆："要是等会儿外婆给你准备了好吃的，妈妈一定帮你捎回来。"圆圆一听有好吃的，别提多开心了，对妈妈也心存感激。

妈妈在孩子面前无疑是有威严的，她的出现让孩子一下子从小蝌蚪的世界里回过神来；但妈妈也是宽容的，就算再生气，她也没有对孩子大呼小叫；同时，妈妈也不纵容孩子的错误，她让孩子自己承担错误带来的结果，这样的教育不仅让孩子心服口服，也加深了孩子对她的敬爱。

反 思

能不能让孩子对你既爱又畏，全靠你自己努力。做得好了，孩子得以健康成长，你也身心舒坦，皆大欢喜；做得不好，孩子委屈你憔悴，一大悲哀。作为妈妈，你是孩子前进道路上的引导者，你要为孩子打开生活之窗，让孩子更好地吸收阳光。所以，在面对孩子的错误时，你一定要理智，宽容，不可忽视孩子的问题，也不可对孩子大加指责。你要帮助孩子分析问题，原谅孩子的错误之举，给孩子指导一条正确的道路。只有这样，你的宝贝不仅会信服于你，也会对你充满爱意。

怎么做?

1. 估计你小时候也幻想过反抗来自父母的"暴力"，如今别又让悲剧出现在孩子的生活里。千万别来不来就打人，给人多点阳光和鼓励不行吗？！生活又不是演《水浒》，打打杀杀就可以把人教训

得服服帖帖。

2. 让孩子试着承担责任，比如为个人的小错误买单。别以为他小就可以任意犯错，一天小两天大，有时孩子也很贱，别错把放纵当做宽容，你不让他尝到"苦头"，他是不会明白苦果子有多难吃的。

3. 作为母亲，你应该是仁慈和善的，不要向对你的老公那样成天唠叨孩子，当孩子犯错时，以爱去感化孩子，别有事没事就拿 N 久前的错误说事儿。

4. 做孩子的榜样，要诚实守信，坚强勇敢，自信善良，对待孩子要恩威并重奖罚有度。说实话，做到了这样，我觉得每家客厅里都可以挂块"模范妈妈"的牌匾了。

半经验半摸索战术：
不把个人总结强加于孩子

　　"我过的桥比你走的路还多，听我的没错。""我吃的盐比你吃的饭还多，不听我的，你准会后悔。"父母曾不止一次这么跟你说，他们希望你能少走点弯路，少吃点苦头。可是，你并不喜欢他们在你的事情上指手画脚，甚至觉得他们啰嗦讨厌。虽然你知道，父母很可能是对的，可你还是希望按自己的方法去试一试，就算失败也心甘情愿。

　　现在，轮到你当父母了，你的孩子就像当年的你一样，希望父母不要干涉他的生活，希望你不要用自己眼光去看待他做的事情，同时也希望你不把你的总结强加给他们。你知道不应该干扰孩子的想法，你同样知道大人的思维在孩子那里没用。可是，你感到无比的艰难，你不愿看到孩子走冤枉路，你希望把知道的都告诉孩子。于是，你忘了曾经的烦恼，再一次地把烦恼加到孩子身上。

案例分析

　　袁艺从小到大一直品学兼优，她也希望自己的孩子成为一个品

学兼优德才兼备的人。虽然从来都没有怀疑过自己的能力，可是，在教育孩子这件事上，她还是栽了跟头。

两岁的女儿喜欢玩积木，每次玩积木都会把周围的一切抛在脑后，甚至妈妈叫她吃饭也不搭理，这点颇令袁艺恼火，她不能接受如此没教养的孩子——显然，她已经把孩子放在社交场合中去了。

也怪袁艺太过苛刻，毕竟是个小毛孩，人家刚刚对这个世界有了些许新的认识，觉得世界上的一切都是那么奇妙和新鲜，有时难免太聚精会神地玩游戏或沉迷于某个新鲜事物上，因此跟大人的互动脱臼，这些都属正常现象，大人不必太过斤斤计较，也不应对小孩的性质妄下结论，尤其不能对小孩施加压力，强迫其改变。

袁艺在这件事上就没处理好，她见不得孩子"没礼貌"的状况，因此，一旦发现此种现象就会强迫孩子从梦幻世界回到现实中来，并且加上一通孩子根本听不懂的说教，内容大致离不开"修养""礼貌"等。

两岁的孩子，心里根本没有人际交往的观念，所以不存在没有教养不懂礼貌这一说法。袁艺用大人的思维去考虑孩子的行为欠妥。

相反，孩子集中精力去做一件事情，是他和这个世界交流的方式，也是智力发育、兴趣发展不可缺少的部分。妈妈自以为是地打扰，只会让孩子不知所措，同时更破坏了孩子的注意力和想象力，逻辑思维能力，让孩子脑子里无法形成一个轮廓分明的模式。

不是恐吓你，还有更糟糕的，长此以往，孩子在思考中就极易被外界因素干扰，哪怕一丝风吹草动，都可能影响他们的思维，他们甚至在思考的过程中形成某些怪癖，比如对别的声音"过敏"，闻声即色变，不由得产生恐慌感……

如果你费尽千辛万苦，就把孩子培养成了以上的悲剧，我会把你划分到社会的罪人一边去。所以，再次警告：大人自认为正确的个人总结在孩子这里，并不是每个都适用的。

暖暖是一个8岁的女孩子,她酷爱画画,渴望将来成为一名画家,像徐悲鸿那样,或者像齐白石那样。然而,妈妈认为女儿已经上小学了,学习越来越紧张,所以经常阻止她画画。上幼儿园时画画是打发时间,或者智力开发,现在画画就是耽误学习了。

劝孩子好好读书没错,可是,不能因为读书而剥夺她做其他事情的权利,快乐读书才是好事,如果妈妈不断施加压力,就会让孩子反感,自然也达不到学习的目的。

暑假时,妈妈为暖暖找了家庭教师补习功课,顺便帮她预习下个学期的课程。把她的整个假期都占用了,暖暖心里非常反感,可是妈妈根本不理会她的感受,总是一遍又一遍地说:"乖女儿,妈妈都是为你好,我还能害你不成?!"其实,暖暖平时成绩很好,并不需要多余的复习,而且,她的学习能力很强,只要告诉她该怎么做,她也会预习功课。可是妈妈说:"小孩子多学点有好处,请个老师来管管你,总比你在家画画强吧!"妈妈也知道暖暖爱画画,可就是不给暖暖机会。

培养孩子的兴趣多么重要啊,甚至有的家长去帮孩子报辅导班,可这个妈妈的经验是,画画学得再好也没用,没有语文、数学、英语来得实际。孩子的小小爱好,就这么被妈妈无情地打压了。

妈妈的独断,也让暖暖学会了躲闪:"你不是不让我画吗,那好,我就偷偷地画,不让你看见总行了吧?"于是,暖暖每天夜晚躲在被窝里和妈妈玩起了捉迷藏,第二天在老师讲课时打瞌睡。

这样的情况其实可以避免,画画和学习,并不是非此即彼的敌我矛盾,孩子完全可以在学习的同时享受画画的乐趣。可是,妈妈却把画画当做女儿学习的大敌,用自己的思维强迫孩子,致使孩子不得不放弃自己的爱好而选择去和妈妈对抗。

反 思

　　每个妈妈都希望通过自己的努力，让孩子的道路更加宽阔平坦。可是，她们却常常忘了询问孩子是不是需要妈妈的帮助。我知道你有一大堆人生经验和总结，它们曾经帮助过你，可那仅仅是你的财富，对于孩子来说不一定有用。如果你不尽快走出经验主义的误区，硬是把个人总结强加到孩子身上，那将会使孩子产生逆反心理，卯着劲儿去和你作对。也许孩子的想法不一定正确或是完善，但他在付诸行动时一定会发现，到那时你再说出自己的意见，总比在开始时硬生生地打断他的思路强得多。

怎么做?

　　1. 生命诚可贵，爱情价更高。若为自由故，二者皆可抛。孩子作为一个个体，需要自由的空间。妈妈不应该用自己的思维去控制孩子，应该让孩子学会独立思考，独自做事。

　　2. 如果有人强迫你去做你不愿做的事情，你一定会奋力反抗，孩子也一样啊！你不尊重他的想法，强迫他按照你的思路去做，他当然也会反抗了，就算明着抵抗不了，他也会暗地里做点小动作。

　　3. 多姿多彩的人生与个人广泛的兴趣爱好分不开。作为妈妈，你应该尊重并重视孩子的兴趣爱好，帮助其适当的发展，而不是用个人经验说事，阻止孩子的兴趣爱好。

　　4. 在和孩子发生冲突时，你要学着去换位思考，这样你才能体会孩子的心情和感受，那些在你眼里或错误或不值一提的事情也许会改变形象。同时，你会发现，与孩子的隔阂也消失了。

辣妈的教条：
辣妈带出"辣"孩儿

你是 80 年代出生的时尚女孩，生在新中国，长在红旗下。改革开放的浪潮席卷全国的时候，也刮到了你的心里。所以，你时尚、前卫、个性、独特，总之，你与众不同。有了孩子以后，人人都说你是辣妈，像张柏芝？像小 S？像董洁？不，你谁都不像，你骄傲地抬起头来，"我是独一无二的我，带着独一无二的色彩，有着独一无二的性情，也是独一无二的孩子的妈妈。"

与众不同的你，自然要带出独一无二的孩子，你费尽心思地思量，如何让孩子独特起来，从衣着？从个性？从谈吐？每个辣妈的个性不同，带出的孩子自然也各具特色。于是我们看到，大街上，到处都是大美女和小帅哥小美女，一个个辣妈出炉，带出了一个个"辣"孩儿。

案例分析

佳佳时常听别人说妈妈时尚又漂亮，是个标准的辣妈，虽然不明白辣妈是什么意思，但看到别人崇拜的眼神，也知道这是好话。

妈妈喜欢化妆打扮，也爱装扮佳佳。每个月，妈妈去理发店打理秀发时，都会带上佳佳，让眼光独到的理发师们也给佳佳设计一个好看又时尚的发型，誓把佳佳打造成走在时代前沿的小美女。佳佳在妈妈和理发师的打造下，一会儿像汤姆·克鲁斯的女儿，一会儿又像好莱坞另一个著名的童星，妈妈看到女儿变得如此有国际巨星的范儿，自然是不亦乐乎。

妈妈这样打造佳佳，却不一定符合她的心意。有自己独特审美观的佳佳，并不愿受妈妈的摆布，有时为了达到自己的要求，还不惜同妈妈大动干戈。一日，母女俩就为穿什么衣服吵了起来。果然是辣妈带出来的辣女儿，有性格。

如果孩子和妈妈在衣着打扮上出现冲突，妈妈应该尊重孩子，要知道，妈妈的尊重会让孩子变得自信，相反，如果妈妈讽刺孩子的审美，就有可能伤害孩子幼小的心灵，让孩子变得不那么自信。试想，一个不自信的人，又怎么会成为一个独一无二的人呢？

妈妈给佳佳穿那件带蕾丝边的黑色裙子时，佳佳不高兴地说："妈妈，为什么你总是给我穿黑色的衣服，我喜欢的是粉色。"妈妈俏皮地说："凭我闯荡时尚圈多年的经验，黑色是最流行的颜色。"佳佳反驳道："你的经验干吗要用在我身上？我们幼儿园的小姑娘都穿得花枝招展，为什么我要穿得黑不溜秋。"妈妈嘲笑道："你懂什么，粉色多俗气啊！黑色才是时尚，你要学会欣赏。"佳佳不满地说："我就要粉色，我才不想欣赏黑色呢！像个老太婆似的。"妈妈板起了脸："我是你妈，要想与众不同就得听我的，干吗非得和他们穿得一样。"于是把黑裙子套到佳佳身上去了。

辣妈想让孩子变得时尚而有特色，不同于其他孩子，这个初衷是好的。但忽视孩子的要求，刻意去营造那种独一无二的感觉，就不对了。聪明的辣妈，应该让孩子自己做主，一个会做主的孩子，才可能是一个独一无二的人。

"这个娃娃有点酷!"这是人们对洋洋的普遍印象。但是,洋洋并不是新新人类那样的冷酷,而是有一套独特的处事方法。他不像别的孩子那样,每天早上缠着家长不愿到幼儿园,而是微笑着和妈妈说拜拜,无比淡定;而且,他从来不和小朋友们抢东西或打架,从不招惹是非;五六岁的孩子,总喜欢给老师打小报告,说说谁又欺负谁了,谁又做错事了,然后一脸神气地看着老师批评别的孩子表扬自己。洋洋却从来没有这样做,看到别的孩子淘气打架,他也不去凑热闹。

洋洋如此镇定又有个性,自然少不了他那位辣妈的教导。妈妈总是用自己独特的性格去影响着洋洋,让洋洋从小就懂得坚强,知道谦让,而且,不要多管闲事。

洋洋曾经也是个小淘气鬼,刚上幼儿园那会儿,他每天早上都哭闹着不愿去,妈妈对他说:"作为一个小男子汉,应该坚强,哭哭啼啼像什么样子。去幼儿园是学习,又不是受刑,你不是想快快长大吗?那就要去学习。"如果他还是哭个不停,妈妈就直接晾着他,放学也不来接他,让幼儿园的车送他回去。洋洋琢磨到了妈妈的脾气,就不再哭了。因为哭也要上学,妈妈还不来接他回家。妈妈的行动和语言同时告诉孩子,一味地哭哭啼啼,只会让人心烦,坚强的孩子更有市场。

洋洋在幼儿园和小朋友抢东西时妈妈告诉他:"儿子,你要学会自己发掘好玩的东西,而不是像个小霸王似的和别人抢东西。你自己发明创造了,别的小朋友学不来也抢不走,明白吗?"而且,妈妈还让洋洋远离是非,"不要多管闲事,你自己做好就行了。别人怎么样自有人管教,你不要做个墙头草,风吹两边倒"。但是,妈妈并

没有让洋洋成为一个懦弱的人，她总是告诉儿子："不要惹是生非，但是也不能做缩头乌龟。有小朋友找事，你该动手也要动手，记住要量力而行。"

这样个性独特的妈妈，自然能带出独一无二的儿子来！这样的"辣"小孩，也更能适应未来社会的生活。这样的做法，也是辣妈带出"辣"小孩的典范。

反 思

你漂亮、性感、喜欢精致的妆容，你想把孩子打造得和你一样光彩照人，这些都没有错，但你应该知道，对于孩子的行为和想法，妈妈应予以尊重。新时代的小孩，聪明伶俐，高度敏锐，充满灵性，具有力量，有想法且不容诋毁，看到他们，你会眼前一亮，你会觉得，这样的孩子才是未来天下的主人。可是，如果你一意孤行，不给孩子机会的话，你将不会在你的孩子身上看到以上的优点。要知道，孩子光有独特的外表是不行的，想要被记住，还应该有独特的个性。真正的辣妈，应该注重培养孩子的性情，让孩子由内到外散发与众不同的气质。

怎么做?

1. 不要为了满足你的虚荣心就肆意打扮儿女，孩子自然活泼就是美，你给予他一些不必要的装束只会成为他的负担。

2. 我不否认你很时尚，眼光也很独到，但是你也不能否认孩子的眼光，不要用你的思维去影响孩子的判断，要知道，你的选择并不一定适合孩子。

3. 和外表相比，你更应该用独特的个性去影响孩子，从日常生活着手，给孩子正确的引导，让孩子明白什么是错，什么是对，什么应该做，什么不应该做，在这样明智的教育下，你还怕孩子个性不明确，不火辣辣吗？！

4. 千万不要打击孩子的自信，就算他的审美真有问题，就算他有很多的缺点，你还是要以鼓励为主，让孩子一点点进步，而不是用一棒子打死的方法，否定孩子的一切。

辣妈辣透心：
与孩子的内心平起平坐

陶行知先生有这样一首诗："人人都说小孩小，小孩人小心不小，你若以为小孩小，你比小孩还要小。"这就是要告诉你，不要小看孩子。

你讨厌别人对你不理不睬，讨厌别人的居高临下，你觉得那些总是把自己抬得老高却把别人贬得很低的人非常可恶。可是，你有没有发现，在孩子问题上，你也犯了同样的错误，你忽视孩子的要求，忽视孩子的问题，甚至忽视孩子的不满。你总说，小孩子不懂，不必太当真。其实，在你忽略孩子的时候，孩子也悄悄把你赶出了心灵之门。

案例分析

可可是个好奇心很强的孩子，在他的心里，总有无数多稀奇古怪的问题，可是，每次他去问妈妈，总是得不到满意的答案，还很快就被妈妈打发走了。妈妈是个电话推销员，每天都要打很多电话，不断地跟客户周旋，做各种各样的解释，听客户的疑问和牢骚，还要给客人一个满意的答复，这些，都让她身心疲惫，回家之后，她都不愿再开口谈任何事情。

孩子好问，是因为他对这个世界充满了好奇，很多事情他不了解，只能去问妈妈。这时候，妈妈如果对孩子的问题表现出不屑一顾的样子，很可能会扼杀孩子的好奇心，让孩子心里产生阴影。

每当问题得不到满意的回答时，可可就非常郁闷："为什么妈妈要敷衍我？"于是，他决定向妈妈问个清楚。

"妈妈，为什么你总是不愿意回答我的问题呢？"可可小心翼翼地问坐在沙发上闭目养神的妈妈。

"乖儿子，不要来烦妈妈了，有什么问题去问爸爸吧！"妈妈根本没听清儿子的话，随便敷衍道。

"为什么你不理我，总是把我推给爸爸？"可可不明白。

"没有为什么，哪来那么多为什么！"妈妈也许真的累了，语气里带着不耐烦。

"妈妈，你是不是不要我了？"小家伙的眼泪都快掉下来了。

"你怎么这么烦呢！一回来就问，再问，我真不要你了。"妈妈被可可的问题弄得很烦。

可可被妈妈的话吓到了，忍着眼泪再也不敢说话，自己一个人灰溜溜地走了。

妈妈因为工作太累而不愿意说话，可以体谅，但因为累而不重视孩子的问题，让孩子在害怕中结束发问，则是欠妥的。孩子的问题得不到解决，堆积起来会造成心理负担，同时，妈妈的恐吓，也可能掐断孩子好奇的翅膀。孩子再小，也有思想和尊严，也希望和妈妈平起平坐，得到认真对待。

蓝蓝最骄傲的事，就是能和妈妈像朋友一样交往。她经常在小

朋友们面前炫耀："我妈妈今天穿的上衣和裤子是我帮她挑的，你们没有帮妈妈挑过衣服吧？呵呵……"妈妈的确喜欢征求她的意见，很多时候妈妈拿不定主意，就会问蓝蓝："乖女儿，你说妈妈是这样好还是那样好呢？"蓝蓝每次都会思考一番，然后认真说出看法，通常，妈妈也都采取了蓝蓝的建议。

妈妈的做法，表达了她尊重女儿相信女儿的想法。同时，也表达了一种愿望，希望女儿同样尊重妈妈，相信妈妈。

妈妈这样用心良苦，蓝蓝自然不会辜负她的期望。六岁时蓝蓝去小表哥家，看到小表哥在书房上网，也凑过去看热闹，还和小表哥一起玩起了游戏。平时在家里，妈妈是拒绝她玩电脑游戏的，蓝蓝心里虽然痒痒，可一次也没有玩儿过。可能那天太高兴了，蓝蓝和小表哥一起在玩了两个多小时，完全忘了妈妈的话。

妈妈其实早就看到蓝蓝在玩电脑游戏，但并没有去叫她。她尊重孩子，给了孩子充分的自由，如果在孩子玩得尽兴时去打断她，孩子觉得没面子事小，心里怨恨妈妈事就大了。表面上看，妈妈好像在放纵孩子，其实不然。妈妈遵从了孩子内心的意愿，感知了孩子的需求，真正做到了和孩子平起平坐。

妈妈理解孩子，孩子自然不会让妈妈失望。果不其然，蓝蓝感觉玩了很长时间，就主动离开了书房，还跟妈妈说了玩电脑游戏的事，向妈妈保证道："我不会经常玩儿电脑游戏的，妈妈让我玩儿时我再玩，妈妈不让我就不玩儿。"

多么融洽的母女关系啊！想要拥有这些，妈妈就要和孩子的内心平起平坐，和孩子做心连心的朋友。

反 思

十月怀胎,让你和孩子血肉相连,因此,你是孩子最亲近的人。所以,孩子希望和你交流,渴望与你成为朋友,你怎么能忽视孩子这么重要的愿望呢?我强烈建议你,放下所谓的尊严与架子,用心去体会孩子的需要吧!孩子和你是天平的两端,只有保持与孩子的内心平起平坐,才能获得融洽关系。很多话,孩子不愿跟别人说,只想与你分享,所以你必须是孩子最好的倾听者;很多问题,孩子也不愿问别人,只想让你告诉他答案,所以你也要做孩子最忠诚的老师。

怎么做?

1. 你知道嘲笑和讥讽的伤害有多大吗?很可能只要一次,就足以让孩子紧锁心门。孩子虽小,自尊心却很强,你不友善的语气会伤害他幼小的心灵,对他产生不良的影响。

2. 你一定要认真对待孩子的问题,不要觉得那些问题太傻就去敷衍孩子,正是这些傻问题让孩子变得聪明,如果孩子不去发问,他可能会永远停留在这个阶段。

3. 没事找孩子聊聊天吧!与孩子分享生活中的喜怒哀乐,孩子很乐意做妈妈的小听众,还会给你出谋划策呢!同时,他也会让你了解他的心事,这样你才能更好地帮他解决问题。

4. 你是孩子生活上的妈妈,也是他精神上的朋友。多陪他一起参加活动,和他一起游戏,真正做到平起平坐,让孩子感觉不到你高高在上的威严。

第三章

从潇洒哥到中流砥柱：
如何承担这份甜蜜的"父担"？

母亲是孩子温暖的港湾与依靠，是孩子成长中不可或缺的精神支柱；同样，父亲是孩子心中的大山和信仰，也是孩子必不可少的感情支柱。作为父亲，从现在开始，你要正式摆脱潇洒哥的形象，安心做一个稳健踏实，厚重如山的父亲了。不管你曾经有多么放荡不羁或是桀骜不驯，现在你都要统统收起来。因为，当你在亲爱的她身上播下种子的时候，你就该知道，你播下了希望，也播下了责任。

你从不怀疑自己的男子汉身份，那么，你也该在婚后承担起家庭的重任，成为家里的顶梁柱，以及孩子和妻子最可靠的大山。当娇小可爱的宝宝亲切地叫你爸爸时，你心里有如糖似蜜般的感觉，但沉醉的同时应该也会有些许担心，肩上的担子越来越重，你也在彷徨，该如何接受妻子给你的最好礼物，并用心做一个完美的父亲呢？

自我态度的端正：
你将扮演一个沉重的角色

　　曾经，80后的你被扣上新新人类、冷酷、不可一世的帽子，你不以为然，依旧我行我素，并且为自己的独特沾沾自喜，就算是结婚，也没能改变你桀骜的性格。

　　可是，如果孩子降临后你依然这样，我将不得不提醒你：该端正态度了！也许你会觉得无力甚至恼火，孩子的到来改变了你的生活，使你失去了原有的自由，但你必须要面对重担和压力，因为你无处可逃。既然逃避不了，何不坚强面对呢？你要相信勇者无惧，男子汉大丈夫，如何会被父亲的角色难倒呢？虽然角色沉重，但只要端正态度，你将体会作为父亲的甜蜜与幸福。

案例分析

　　王伟是个注重哥们儿义气花钱又大手大脚的80后男人。结婚生子以后，他每天下班后依然要和哥们儿去酒吧喝两杯，花钱不知节制。每天只顾自己快活，根本没有端正态度去好好正视自己角色的转变，

以为负担了家庭里的日常开支，已经完成任务了，觉得照顾孩子和打理家务应该是女人的事，也不知道存钱以备不时之需，一直是一名光荣的月光族成员。

王伟不明白支撑一个家庭需要多少的心血，孩子的成长需要多少投资，而这些都少不了金钱。俗话说得很好："贫贱夫妻百事哀"。王伟这样不知节制地乱花钱，不为家庭和孩子着想的行为很不可取。

直到孩子半岁时因小儿肺炎住院，王伟才幡然醒悟过来。那天和以往一样，王伟下班后和几个哥们儿一起去喝酒，老婆突然打电话来说儿子病了，让王伟赶紧回来。王伟当时还没有在意，让老婆带着儿子去看病，并没有及时回家。等喝完酒才看到老婆发的一条短信："我带着儿子去中心医院了，你看到信息后带一万元来找我们，儿子得了小儿肺炎，需要住院。"王伟这才开始惆怅，去哪找一万块钱啊，工资都花光了，平时充大款的他也不好意思向朋友开口借钱！这时，王伟才意识到没有端正态度，胡乱花钱的行为危害多大，此刻孩子的生命安全握在自己手里，可自己却负不起做父亲的责任来。

幸好医院先让孩子住院接受了治疗，后来，还是妻子向朋友借钱交了住院费和医疗费。通过这件事，王伟也明白了身上沉重的责任，从此端正了态度，还学会了理财。

和王伟一样，很多80后的年轻爸爸都有大手大脚花钱的习惯，他们习惯享受自由，不愿受到束缚，直到真正遇到金钱危机时，才能端正态度，幡然醒悟，然后远离以前的生活，挑起生活的重担。

他是新新人类，80年出生的他，曾经冷酷、桀骜、叛逆，让无数少年为之疯狂却让无数家长痛恨万分。他在演唱会上摔吉他，在路上飙车还不知道保护自己以至出了车祸，甚至像个愣头青似的拍电影不用替身，弄得满身是伤。

你一定知道，他就是谢霆锋。后来，很多人都说他变了，变得安静沉稳，除了拍戏，不再闹什么新闻。他为什么会改变？他说，因为我是一个父亲。

作为一个父亲，就要给孩子做好榜样，要端正自己的态度，时刻告诉自己，我不能和以前一样了。

2007年8月，儿子的出生让谢霆锋无比欣喜与激动。甚至为了儿子牺牲事业，暂别银幕一年。很多时候，他就像普通人一样，带着儿子出去玩，和妻子一起看电影，享受着天伦之乐。作为一个"臭名昭著"的坏小子，他是如何做到这些的呢？当然是因为他端正了态度，儿子的降临让他明白了自己的责任。有了家庭，有了孩子，他觉得自己脱胎换骨了，他说，看着孩子快乐的成长，自己再累再苦也值得。工作时，他也不会像以前那样不要命了，他知道，家里有妻子和儿子在等着他，他不是一个人在奋斗。

谢霆锋这些年来由内到外的变化大家都看得出来，80后的你，与他年龄相仿，可能心路历程也会相似，我希望你也能像他一样，端正自己的态度，负起作为父亲应负的责任。只有意识到自己身份的变化，意识到自己的责任和重担时，你才能得以改变和升华。

反 思

你已经不是以前那个可以快意江湖潇洒人生的大男孩儿了，你现在的身份已经转变成一个男人，一个丈夫，一个父亲，你必须要扛起一个纯爷们儿的责任，扛起一座孩子只能仰望的大山。妻子在等着你关爱，孩子在等着你照顾，你将肩负起养家糊口的重担，不

能再我行我素了。要知道，你是孩子心目中的大山，所以，你要学会爱和付出，争取做一个有担当的男人和父亲。

1. 你抽烟喝酒、懒惰散漫的毛病统统都要改掉，否则，就等着培养一个小可恶鬼吧！他会向你学习，甚至会把你的坏毛病发扬光大。要知道，好习惯难以养成，坏毛病可是一蹴而就。

2. 责任！责任！一个男子汉，最不可缺少的就是责任，没有责任感，谁敢信任你呢！摆正你的位置，承担起作为丈夫和父亲的责任吧！只有这样，你才能收获完满。

3. 不要觉得男人的任务是在外面打天下，女人才应该照顾孩子和家庭。早就宣扬了男女平等，如何体现平等呢？家庭的平等就在于男女双方共同承担家务，共同照顾小孩，再说，孩子的成长也离不开父亲的关爱啊！

4. 你要学会理财，不能再大手大脚地花钱了！起码要有点危机意识，整天像个公子哥似的，何时才是个头？家庭需要金钱作为后盾，享受生活也不能没有后顾之忧！

裹着荆棘的父爱：
最特殊最间接最不可少的温暖

因为淘气、贪玩，你没少挨揍，你害怕父亲，总想躲着他，父亲外出的日子，是你最快乐最无拘束的日子。你从来没有想过去了解父亲，虽然知道父亲爱你，但年少的你却很难体会父亲那份特殊的关爱。直到身为人父，你才明白父亲的苦衷，那些裹着荆棘的爱，虽然特殊虽然间接，对你来说却是最不可少的温暖。

父爱是严肃的，刚强的，也是最沁人心脾的。作为父亲，你要用自己的热情宽厚，敢于冒险，勇于坚持以及独立性、进取性、合作性、自信心等影响孩子，让孩子拥有健全的人格，并感受到不同寻常的温暖。

案例分析

2008 年 10 月 18 日，曾经引领中国电影半个多世纪的著名电影导演谢晋去世了。在为中国失去这样一位优秀导演惋惜的同时，很多人并不知道，在谢晋身后，有一个更为动人的关于父爱的故事。

谢晋育有三子一女，其中两个儿子都有病，二儿子在 38 岁时因病去世，患癫痫病的小儿子一直在他身边。他总是花大量的时间去陪伴儿子，为了给儿子治病，他几乎倾注了半生精力。儿子在谢晋心中有着无比重要的地位，很多时候，他都是哄完儿子再去忙自己的事情。作为一个父亲，谢晋用自己全部身心去爱护儿子，心里虽然满是苦楚，但给予孩子的依然是最不可缺少的温暖。

小儿子癫痫病发作时，生活难以自理，谢晋常常为孩子洗脸、刮胡子，儿子怕痒不愿意刮，谢晋就哄道："满脸胡子，多丢面子啊。"于是，儿子就十分听话地让父亲刮。谢晋还常给儿子讲笑话，讲完后父子俩笑作一团。不仅如此，为了给儿子剃头，谢晋还跑去学理发。他所做的一切，无不体验了父亲对儿子深切的爱。

儿子在治病的时候曾经走失过两次，这可急坏了谢晋，又是上报社登寻人启事，又是到派出所报案，最终在好心人的帮助下找到了，为怕儿子再次走失，他在儿子身上留了一张纸条，上面写着"我是谢晋的儿子，家住×××，电话××"。从此，儿子再也没走失过。

就在临终前，谢晋还念念不忘自己的小儿子，担心儿子无人照顾，把家里的房产留给了儿子，希望儿子可以生活得好一些。这样一份跨越生死的父爱，令无数人为之动容。

父爱如山，没错，谢晋就是用自己山一样的脊梁，一直给儿子最好的照顾与关怀。身为爸爸，你不需要像谢晋一样，承受那么多苦楚。但是，你要记住，为了孩子，哪怕是裹着荆棘，你也要去付出，让孩子感受父爱的温暖。

唐杰是个超级奶爸，他每天最快乐的事就是和儿子一起看动画片、玩游戏、打球。和儿子互动本来是一个好事，只是唐杰没有原则，过分宠爱儿子，一直由着儿子胡来，只要儿子提出要求，不管当时是什么样的情况，他都会尽量满足儿子的愿望。

唐杰这样娇惯儿子其实不对，作为父亲，起码要懂得拒绝孩子的无理要求，帮助孩子树立正确的思想。随着孩子的性子，成何体统！

儿子看动画片看到夜里 10 点，妈妈提醒他该睡觉了，他狡辩道："爸爸跟我一起看呢！怎么不让爸爸睡？"然后妈妈让唐杰带个头去睡觉，可是唐杰刚站起来儿子就哭了："爸爸，你说过会陪我的，如果你走了，妈妈就不让我看了。"看到儿子这么信任和依赖他，唐杰心里顿时涌起了强烈的父爱，就对妻子说："你先睡吧，我跟儿子再看一会儿。"妻子只能无奈地摇摇头。

表面上唐杰是爱孩子，尊重孩子，给孩子最多的自由，但无形中却让孩子变得自以为是，不听劝告，甚至蛮横不讲理。

不知不觉已经到夜晚 11 点半了，唐杰第二天还要上班，他伸着懒腰对儿子说："儿子，这下该睡觉了吧！爸爸都困了。"没想到儿子竟然来了句："爸爸，你要是困了，我们去打会儿球吧！反正我不想睡觉。"唐杰家里有个活动室，平时他爱带着儿子在这里练习投篮，可是现在已经半夜了，周围的人都在睡觉，怎么能投篮呢！唐杰就跟儿子说现在不能打球，要等白天才行，儿子是个小犟驴，说什么都不听，非得现在去玩球，为了不影响别人，唐杰拖着疲惫的身体陪孩子下楼来到小区的操场。

唐杰一直觉得父亲太严厉了，希望自己能够变得温和一些。却不明白，父爱本身就裹着荆棘，严厉必不可少。没错，在管教孩子时也许你会心疼，但正是这样一种痛并爱着的感觉才能让孩子更好地成长，不会娇惯出孩子的坏毛病。

父爱和母爱一样，都是孩子成长中不可缺少的温暖。对孩子的爱你可以溢于言表，也可以隐忍无声，重要的是，你要用身心去付出，让孩子感受到父爱。和孩子的妈妈一样，你也心疼孩子，不愿对孩子脸红脖子粗，觉得大吼大叫有失你的风度；甚至你摒弃传统的教育观念，专心做起孩子最可爱的爸爸。但你忘了，作为一个父亲，你不仅仅是孩子的玩伴，更要让孩子健康地成长，更需要培养他的良好品质。

怎么做？

1. 你当然知道溺爱不好，甚至还反对孩子的妈妈宠爱孩子，但是，你却忘了反省自己，难道你不宠爱孩子吗？有时你更过分，让孩子为所欲为，甚至他骑到你的脖子上撒尿你都不管。这样怎么成呢！你应该表现出父亲的威严，让孩子在你的严格教育下健康地成长。

2. 不要以为特殊间接的父爱就是很少陪伴孩子，要知道，过少的亲近会让孩子感觉不到父爱的温暖，多陪孩子游戏、聊天吧！

3. 我知道你缺乏耐心，甚至经常以爱的名义对孩子施暴。我要强烈谴责你的这种行为，父爱的严厉与暴力无关。你要更加宽容地对待孩子的错误，更加理性地去看待问题，不要动不动就火冒三丈。

4. 原谅孩子的错误并不代表在原则问题上让步，作为成年人，必须清楚什么是原则性问题。该让时让，该狠时狠，不要失去原则。

一辈子的事业：
与孩子的教育"较劲"

"子不教父之过"，孩子是祖国的花朵，是未来的希望，他的成长离不开父亲的爱和教育。父亲在孩子的智能、社会交往、个性、运动意识和习惯以及性别意识等方面都有着重要的影响。调查显示，现在的孩子，大多性格软弱、依赖性强，男孩子缺少阳刚之气，其主要原因就是缺少父教。

千万不要忙事业疏孩子，要知道，教育孩子才是你一辈子最应该奋斗的事业，也是最可能得到回报的投资。要想让孩子成为一个有理想、有目标、有教养的人，你就要把孩子的教育当做一生孜孜不倦追求的事业。

案例分析

可能有家长这么觉得，孩子的吃穿住行我可以负责，但是教育方面的事就要交给学校和老师了，他们认为教师才是教育孩子的专家，家长的作用就在于管吃管住。

　　王磊就是这样想的。儿子两岁时王磊就把他寄养到全托幼儿园，每周接孩子回家一次。王磊平时工作忙，虽然对孩子的物质要求一应俱全地满足，可是从来没有考虑孩子的心理需求。两岁的孩子应该和父母保持亲近，刚刚学会说话的他们希望跟父母分享自己所看到的一切新鲜事物，可是全托式的教育模式却阻止了孩子与父母的交流。

　　让孩子过早地与父母亲分开，把所有的教育都交给老师，这样并不妥当。适当的时候让孩子接受学校教育，与同学老师一起生活成长是有必要的，但过早的离开父母去独立生活，却会影响孩子的身心健康。

　　儿子因为年龄小，不懂事，在幼儿园一直受到小朋友的欺负，刚刚学会说话的他还不会告状，只会一个劲儿地哭。不仅不会自己吃饭，还经常尿裤子，对这样的孩子，老师也很头疼。由于孩子多，老师照顾不过来，很多事情都敷衍了事。因此，孩子在幼儿园里像个小可怜虫，每天都生活在"水深火热"之中。刚开始，王磊每周送孩子去幼儿园时，孩子都要奋力反抗，和爸爸开展一场星球大战。可为了孩子的教育和成长，王磊还是用强硬的手段把孩子带到幼儿园来。反抗无果后，儿子虽然不再哭闹，但精神却萎靡不振，每天无精打采地躲在幼儿园的小角落里，自己跟自己玩，看到别的孩子过来就赶紧跑开，像受惊的小鸟一样。

　　王磊完全忽略家庭教育，一味去依赖学校，导致儿子心灵受创，真是得不偿失。要知道，孩子的成长离不开父母，父亲对孩子的性格影响尤为明显。父亲为了事业抛开孩子的做法，只会让孩子觉得生活中缺少关爱，最终可能会导致孩子的性格缺陷。等到孩子出现问题时再后悔，就已经来不及了。

　　亡羊补牢，为时不晚，如果你觉得自己忽略了孩子，就赶紧回归家庭吧！毕竟，孩子才是你最大的投资，也是最不能出问题的事业。

作为中国最著名的童话故事大王，郑渊洁教育儿子显然有别于王磊，儿子上完小学六年级，他就给儿子办了退学，决定自己在家教育儿子。他觉得学校教育可以不要，但父亲的教育却必不可少。

儿子小的时候，郑渊洁刚开始写《童话大王》。那时为了赶稿子，郑渊洁把儿子送到爷爷那里。以前儿子在家时他一天的进度是十页，可儿子在爷爷家给他打电话时，他告诉儿子他现在每天写二十页。他的话一说完，儿子立即不说话了，他可能觉得自己是爸爸的累赘，自己一走，爸爸就写得多了。郑渊洁并没有忽视这个小细节，察觉到儿子的不安后，他立马把儿子接回家来，当着儿子的面，每天多写一些。他这么做就是要让儿子知道，爸爸的写作进度不受儿子的影响。郑渊洁知道，不给儿子制造不必要的心理阴影，儿子才能更加自信地生活。

在儿子上小学时，郑渊洁就表现出对学校教育的不满，他研究儿子的课程表，如果觉得哪一天的课没有意思，就帮儿子写假条然后带儿子出去玩，还美名其曰罢课。儿子退学以后，郑渊洁在家里编写了一套独特的教材，开始了长达三年的父教。这和众多的学校教育不同，儿子的所有教材，全部是郑渊洁写的童话故事，考试内容则是儿子给他出题，如果考倒了爸爸，儿子就算合格了。这一次漫长又特殊的教育，是郑渊洁与孩子的教育"较劲"的开始。

有这样一个把教育儿子当做终身事业的爸爸，又何愁没有一个厉害的儿子呢？郑渊洁的儿子 15 岁就和别人搞网站建设，16 岁去炒股，18 岁去报社技术部上班，不久又升总监升主任，后来，还成了郑渊洁一系列作品的策划人。

举郑渊洁的例子，并不是在反对学校教育，只是为了证明家庭教育的重要性，特别是父亲对孩子的影响。80 后爸爸需要知道的是，

孩子的成长是天大的事，只要是为了孩子好，就算是和学校作对和传统较量，你也要做好心理准备。

反 思

不管你是学问高深还是水平浮浅，对于孩子，你都有不可推卸的责任。你是父亲，是孩子的精神支柱，你不仅要给予孩子物质上的满足，更要给孩子好的家庭教育。而且，你不光要教孩子知识，也要让孩子有一颗积极向上、善良宽容的心。要知道，一个真正关心孩子的教育，敢于同一切阻碍教育的事作斗争的父亲，才能培养出一个品质出众的孩子。

怎么做？

1. 不要把教育孩子的事推给他人，你是孩子的父亲，教育孩子是你的本职工作。只有做好了教育孩子的工作，你的人生才算圆满。

2. 只要为了孩子好，就算是摒弃传统与权威又怎么样呢！80后都是大胆又有主见的一代，为了孩子的未来和发展，你自然可以做到超越前人，不被传统或权威吓住。

3. 那些为了事业忽视孩子的爸爸是不可能成为一个好父亲的。不要本末倒置，颠倒黑白，孩子的教育才是你最重要的事业，不要为了赚钱而荒废孩子的精神家园。

4. 言传重于身教，在教育孩子的同时，你也要以身作则，不然只会误了教育孩子的大事。

孩子心中的第一英雄：
为家庭和孩子撑起一片天

小时候，你觉得父亲的脊梁就像山一样坚固，躲在父亲的臂弯下面，你可以安心去做任何事。对你来说，爸爸就像盘古一样，开辟了你们温暖的家，撑起了一片和谐天空。甚至不停地向小伙伴吹嘘，我的爸爸是个大英雄。

长大以后，你拥有和父亲一样结实的脊梁和宽阔的肩膀，也希望成为孩子心中的大英雄。当然，英雄不是说说而已，就连奥特曼都要为做英雄付出代价，你也不能例外。你要用自己的健壮，去给孩子最有力的保护；用自己的智慧，给孩子一个晴朗的天空。

案例分析

与母亲的细心、温柔不同的是，父亲普遍有一种阳刚之气，热情大方，豪爽直率，所以，父亲在孩子的心中，既是朋友又是值得尊敬的老师，甚至是孩子的榜样、楷模。一个受孩子爱戴的父亲，一定是孩子心目中独一无二的英雄。

不知道 80 后的你有没有看过《美丽人生》这部电影，有没有为片中的那位伟大善良的父亲掉下眼泪？二战时，作为犹太人的父亲和儿子被德国兵带走了，从带走的那一刻起，父亲就开始给儿子编织一个美丽的谎言，他对儿子说："我说要在你的生日给你一个惊喜，看，这就是了。我带你做一个真正的游戏，如果我们赢了，就可以得到一辆坦克。"在集中营那些难熬的日子里，父亲一再告诉儿子，这是游戏的需要。别的孩子都被集中处死了，只有父亲凭借智慧保护了儿子。他干着沉重的体力活却把一点少得可怜的食物分给儿子，然后装着一脸轻松的样子告诉儿子游戏玩到什么程度了。儿子在父亲谎言的保护下，生活得无比幸福，而且一直有一个健康的心灵，完全没有被集中营里残酷的现实吓到。

父亲用所有的智慧为儿子打造了一个爱的天堂，就连最终被纳粹党处死前的动作，都充满着对儿子的爱和希望。他让孩子躲在一个铁箱子里，在押着他的纳粹党面前故作潇洒地大步向前走，还不忘冲箱子里的儿子做个鬼脸，让儿子相信游戏的真实性。

天亮了，游戏结束了。真的来了一辆坦克，儿子胜利了，可父亲却永远也回不来了。他以爱的名义对儿子说谎，告诉孩子所有的苦难都是游戏，让孩子一直生活在美好的世界里，使孩子的心灵没有受到一丝的伤害，依然纯真善良、相信爱、相信美好！这无疑是给孩子的最好生日礼物。

父亲用全部的生命为儿子撑起了一片无污染的天空，成为孩子心中最伟大的英雄，在他的努力下，孩子的游戏得以完成，并且最终获得了自己想要的奖品，一辆真正的坦克。

林俊是个游戏迷，每天的工作就是玩游戏升级买卖"装备"，他的生活离不开电脑和游戏，女儿和妻子只是生活的佐料。

每次女儿要爸爸抱时，他就说："乖，找你妈去，爸爸要打怪兽了。"然后就把女儿推给妻子。妻子上班不在家时，他就把孩子交给父母，自己整天待在家里玩游戏，什么都不管。父母和妻子多次对他进行劝说，他不仅无动于衷而且说道："我玩游戏卖'装备'也是在赚钱，你们能不能不要那么老土，日子怎么过不是过啊！"

由于总是拒绝和孩子亲昵，所以在孩子心里，林俊并不是个好爸爸，更算不上一个英雄了。

女儿的幼儿园举行了一个活动，各个小朋友都要讲讲自己心目中的英雄爸爸。有的小朋友说："我的爸爸是个大英雄，因为他总能很轻松地把我扛上肩膀。"有的则说："我的爸爸会做很多好吃的东西，还带我去动物园玩，保护我不被动物咬，他也是个大英雄。"还有的说："我爸爸是警察，他每天都开着车去抓坏人，他是位真正的英雄。"小朋友们提起自己的爸爸，一个个都滔滔不绝。到了林俊女儿说时，小姑娘沉默了半天，说了句："我爸爸是游戏里的英雄，他总是在家里打怪兽。"所有人都被他女儿可爱的言语逗笑了，可小姑娘却哭了。女儿心里特别委屈，为什么别人都有一个英雄爸爸，我却只有一个玩游戏的爸爸呢？

林俊的行为不仅伤害了女儿，也失去了女儿的心。此刻，父亲对于女儿来说，只是毫无意义的名称。作为父亲和家长，林俊不仅没有给妻子和孩子撑起一片天空，反而躲在自己年迈父亲的翅膀下，玩自己的游戏，简直可恨。这样的男人，只是一个傀儡，又如何能担起英雄的重任呢！

反　思

每个孩子都希望有一个英雄爸爸，能为他们建造一个安全舒适的环境，让他们在有城墙般的保护下自由成长。因此，你必须清楚作为父亲的职责以及对于家庭的意义，保护孩子是你不可推卸的责任，维护家庭也是你不能逃避的义务。你要明白，孩子美好的心灵经不起风吹雨打，需要你为他撑起一片安全温暖又可靠的天空，在你的保护之下，孩子才能够无忧无虑地生活，纯真的心灵才不会被世俗浸染。

怎么做？

1. 你必须是一个能够让孩子信服的人，只有这样，孩子才会把你当作英雄。你大概也看到了孩子心中那些动画英雄都具备什么样的品质，你也要把那些品质体现在自己身上，不要求你变身飞跃，但你至少应该是勇敢正直善良的人。

2. 你能分清哪些东西是肮脏的不健康的，可是孩子不知道。所以，英雄爸爸，你得告诉孩子，让他分清美丑善恶。同时，张开你的双臂，为孩子营造一个健康的环境！

3. 做孩子心中的英雄何其简单啊，不仅要能把他扛上肩头，还要能把他背在背上，甚至抱在怀里也远远不够。多和孩子亲近吧！这样他会多些安全感，同时，你的雄心壮志也会影响孩子，让他成为一个有抱负的人。

4. 你可不能胆小懦弱，懒惰无能，消极固执，这些 80 后的通病，在你荣升为父亲之后都要摒弃。

一头狠心的"狮子"：
再残忍也要教他独立自主

很多时候，父亲一直都在扮演坏人的角色，他像凶猛的狮子一样，对你的错误严加惩罚。不管是贪玩忘记写作业还是考试考差，他都不会轻易放过你，要么用沉闷的低吼指责你，要么用凌厉的眼神盯着你。

对于父亲的残忍，现在回想起来，你仍然胆战心惊，但又十分欣慰。因为，正是那样的教育，才让你长成今天的自己。你是爷们儿，做事当然不能婆婆妈妈，孩子妈妈舍不得去管的事，自然需要你去管，所以你要果断和坚定。要知道，未来的社会更复杂更难缠，你必须做狠心的"狮子"，残忍地让孩子独自面对生活中的苦难和挫折。

案例分析

和其他男人大大咧咧的性格不同，刘刚是个耐心的爸爸。他从不指责儿子，而且帮儿子做很多事情，让儿子一直生活在无微不至的关怀下，以至于如今儿子五岁了还不会穿衣服系鞋带。

孩子没有自理能力，其实刘刚也很着急，别的孩子三四岁都会干的事，为什么儿子就是不会呢？刘刚不是傻子，他很清楚问题出在自己身上，是他的娇惯让孩子失去了自理能力。有这样的爸爸，孩子哪里需要担心，衣服不会穿有什么关系？不会系鞋带又有什么关系？反正有爸爸嘛！

可是就算刘刚明白这些，他也做不到不管孩子，看到小家伙那么艰难地系鞋带，他实在不忍心不帮孩子，明明一下子就可以做好的事，为什么非要让孩子费那么大劲呢？刘刚的这种想法，其实是不对的。孩子不经过历练，什么时候才学会长大呢？其实，父亲完全可以用建议来代替亲自动手。

刘刚一天不在家，儿子就不知所措了。妈妈上班早，工作忙，她把儿子的衣服放在床上，就出去做早餐了，当她把早餐做好去叫儿子时，发现儿子不仅把外套穿反了，裤子的拉链也没拉上，鞋子还没穿上去，自己急得一头大汗，眼里还委屈含着眼泪。看到妈妈进来，哇的一声哭出来了。妈妈批评他这么大了还不会穿衣服！他竟然哭着说："你是坏妈妈，我要爸爸，爸爸给我穿衣服，你不给我穿……呜呜呜……"

刘刚对儿子的宠爱和帮助让儿子学会了依赖，遇事不会自己动手。可一旦离开了"衣来伸手，饭来张口"的生活环境，就如同脱水的鱼儿，再也蹦跶不起来了。

做一个慈祥的父亲并不是不可以，只是不要包办孩子的一切，孩子总要长大，然后独自生活，必要的生活技能他必须会，除了他自己，没有人能帮助他。所以，作为父亲，该狠心时一定要狠心，只有这样，孩子才能独立起来。

为了让孩子能够自立，邹飞有时候十分不近人情，给孩子留下了残酷的印象。女儿一岁半时邹飞就不给她喂饭了，他为女儿准备一个单独的小桌子，每次吃饭时放上小碗和勺子，让她自己吃，刚开始时小饭桌周围撒得都是饭粒，把衣服也弄得脏兮兮的，邹飞替女儿擦干净后接着让女儿自己吃。可是，这样吃了很长时间，女儿还是会把饭粒撒得到处都是，聪明的邹飞想，可能是女儿知道有爸爸给她擦，所以吃饭并不注意。于是，邹飞在女儿吃撒以后，不再给女儿擦干净了，而是把餐巾纸递给女儿，让女儿自己擦。

邹飞让女儿从吃饭开始，学会做自己的事情，是正确的做法。孩子学会独立了，就不会对父母形成依赖，也不会在成长过程中遇到问题就回家找父母。

现在，女儿只要吃东西弄撒了，她都会问爸爸要纸巾，然后小心翼翼地擦掉，有一次，家里的餐巾纸没有了，邹飞跟女儿说："宝宝，今天我们家没有餐巾纸了，你吃饭时注意点，不要撒了哦！"女儿朝爸爸眨眨眼睛，点了点头。那次，小姑娘真的一点都没撒，吃完饭还拉着爸爸看她的桌子，一脸的骄傲和自豪。

其实，让孩子自己吃饭并不是容易的事，开始女儿也跟他闹过，大哭着不愿意吃，妈妈想喂，却被邹飞拦住了："你别管她，她自己会吃。不能惯她撒娇的毛病，她饿了自然知道吃。"哭得稀里哗啦的女儿看到妈妈来喂她，以为阴谋得逞了，可狠心的爸爸硬是把妈妈拦了下来，于是她哭得更加厉害。但爸爸并不理睬她，把饭放在她面前就走了，任她哭闹。孩子哭了一会儿看没人管她，肚子又饿，就把饭吃了。慢慢地，女儿知道大人肯定不会再喂她，也就习惯了自己吃饭。

在孩子哭闹时，父亲尤其要狠下心来，否则就会前功尽弃。孩子要成长，必须要自立。

聪明如你，一定知道教育孩子最重要的是让孩子成为一个独立的人，因此，你必须让孩子保持独立的姿态。作为父亲，你必须残忍地割断孩子依赖父母的脐带，让孩子成为一个独立的人，而不是一个寄生虫。只有这样，当孩子有一天离开你时，你才能放下心来，因为你已经赋予了他独立自主的性格，他可以独当一面了。

怎么做？

1. 自己动手，丰衣足食。孩子的事情让孩子自己去做，你不要管不住自己，净想着如何去帮助孩子。你要相信，没有你的帮助，孩子照样可以做得很好。

2. 把孩子的耍赖行为无视掉，该狠时要狠。孩子也会耍小聪明，他们有时候会仗着父母的宠爱故意偷懒不去做事，遇到这种情况，千万不要纵容，一定要严厉，让孩子知道，父母的爱不能拿来当任性的武器。

3. 好孩子是夸出来的，你可以换种方式去教育孩子，当他什么地方做得不好时，你可以说，要怎么做才好，而不是果断地说孩子是错的。

4. 当孩子问你问题时，不用急着给他们答案，可以让孩子自己想一会儿，也可以鼓励孩子去查工具书，然后说出自己的想法。这样不仅可以启发孩子的想象力，还可以培养孩子独立思考的能力。

"一个巴掌拍不响"：
爸爸妈妈完美配合创造奇迹

　　爸爸的爱是粗犷的、严肃的、刚强的，他给予孩子坚强、勇敢、自立自强自信的品质；妈妈的爱是细腻的、热情的、温和的，她给予孩子和煦、温暖、安定的生活；只有父母同心协力，孩子才能有一个光明的未来。了解一切的你，在结婚时对老婆说："以后教育孩子，我们谁都不许偷懒，因为父母的教育一个都不能少。"可每次遇到孩子的问题，你就忘了夫妻之间相濡以沫的感情和心有灵犀的默契，和老婆大吵大闹。

　　你们是夫妻，何必闹得不可开交呢？就算在孩子的教育问题上有意见相左的情况，也应该坐下来好好商量对策，毕竟都是为了孩子，没有什么不能解决的事。

案例分析

　　结婚时，王勃与老婆感情很好，可孩子出生以后，他们却经常为了孩子吵架怄气，老婆嫌王勃对孩子管教太严，王勃则认为老婆

太过宠爱孩子，把孩子都娇惯坏了。

他们夫妻俩为孩子的教育问题一直战斗，都是为了孩子好，实际上却对孩子造成了不良的影响，孩子不知道该听谁的好，也不知道该怎么做才能让爸爸妈妈都心平气和。

那天王勃一家三口去朋友家吃饭。菜都上来了，大家正准备吃时，4岁的儿子看到电视上的饼干广告非要出去买饼干，不愿意吃饭。妻子就对儿子说："乖，等吃完饭我们一起去买好不好？饼干不能当饭吃。"王勃则冲着儿子吼道："买什么买？整天就知道吃零食，赶紧给我吃饭，什么都别想买。"王勃一吼，儿子立即哭了。妈妈哪能看着儿子哭却不管啊，拿了一瓶可乐递给儿子，说道："来，儿子，跟妈妈干杯，不理你爸爸。"儿子准备伸手去接可乐，又被爸爸截了过去："不能喝可乐，喝果汁吧！果汁比可乐好！"儿子不干了，边哭边说："不喝果汁，我要喝可乐。"把大家弄得不得安宁。

为了让儿子安静下来，妻子对王勃说："今天来朋友家做客，别让孩子老闹腾了，给他点可乐喝吧！"本来以为王勃会答应的，可是王勃却说："都是你惯的，要什么你给什么，可乐是孩子喝的东西吗？不能喝，一口都不准喝。"这下把妻子也惹恼了，"什么都怨我！我哄孩子哄得好好的，大家都准备吃饭了，是谁说不给孩子买饼干的，你把孩子弄哭了，还不让我哄儿子吗？"说着，两人就当着朋友的面大吵了起来。孩子也吓得不敢哭了，看着凶巴巴的父母，不知道该怎么办才好。

夫妻在教育孩子上的南辕北辙，只会让孩子迷失方向，又如何能教育出一个具有好品质的孩子呢？王勃夫妇的做法显然不妥当，不要为了一时痛快就互掐，你们观点的相悖只会让孩子无所适从，却不能更好的教育孩子。要知道，只有夫妻双方配合默契，坚定方向，才有可能带出一个完美的孩子。

　　同样作为 80 后，金光夫妇总是能够在教育孩子上保持高度一致，就算有些小问题，他们也会私下沟通解决，绝不在孩子面前表现出犹疑的样子。

　　儿子特别喜欢吃零食，而且经常零食吃饱后不愿意吃饭。可孩子正在长身体，不吃饭是不行的。营养达不到不仅身体不好，对智力发育也有影响。夫妻俩商量以后，决定改掉儿子的坏毛病。

　　说干就干，想要儿子吃饭，首先就得限制他吃零食。那天中午，儿子像往常一样向金光要薯片吃，同时还要喝爽歪歪。金光没有满足儿子的要求，只对儿子说："乖，以后要少吃点零食，你一吃零食就不好好吃饭，那怎么行呢？不吃饭营养跟不上，你就长不高也长不大。"儿子可不信这一套，他撒娇似的抱着爸爸的腿摇："爸爸，我饿，我要吃，不吃才长不大呢！"金光笑着说："宝宝，爸爸知道你饿，爸爸也饿了！没关系，我们一会儿就可以吃饭，宝宝忍一忍吧！咱不吃零食，小肚子留着装有营养的饭，好不好？"儿子扭头看看妈妈，妈妈正冲着他笑，于是，他就放开金光的腿去抱妈妈，并对妈妈说："妈妈，我饿了。把薯片给我吃吧！"然而妈妈也斩钉截铁地说："宝宝不吃薯片好不好？我们马上就要吃午饭了。"发现爸爸妈妈一致不让吃零食，儿子哭了起来。金光夫妇对视了一下，各自走开，把儿子晾在一边。过了一会儿，儿子的哭声渐渐小了，他们就对儿子说："宝宝，马上开饭了，我们给你喝一瓶爽歪歪，你不能吃薯片了，薯片等下午肚子饿时再吃好不好？"儿子哭累了，看到爸爸妈妈又来关心自己了，心里得到了安慰，十分愉快地点了点头。

　　这时候如果金光夫妇没有保持统一的态度，孩子将会因为父母其中一方的态度而恃宠而骄，那孩子爱吃零食的毛病就不好改了。

　　改掉孩子的毛病是一个循序渐进的过程，不可能一次就能见效，在这个过程中，父母必须保持高度一致，只有这样，孩子才能感觉

到做错了事情需要改正，如若不然，将会前功尽弃，而且还有可能招致孩子的怨恨和仇视。

反　思

俗话说"夫唱妇随"，夫妻之间的相濡以沫不光是在感情上，还要表现在对孩子的教育上。当妈妈的，你不要太心疼孩子，该管教时一定要管教，不教育他，他如何成长呢？可别因母爱迸发，就无视孩子的毛病，太护犊子肯定是不行的；做爸爸的，你也别太严厉了，孩子毕竟是孩子，犯些错误在所难免，告诉他不要再犯就行了，可别固执己见，对孩子和妻子都不留情面地大加指责。孩子出现问题时，夫妻不能埋怨对方，一定要协调好，配合好，面对共同的问题好好商量如何处理，不要在孩子面前表现出完全不同的态度来。不然不仅孩子教育不好，还会影响夫妻间的感情。

怎么做?

1. 既然都结婚了，自然要和谐相处，整天吵吵个没完怎么行！孩子的生活需要温馨，父母整天没完没了地吵架，如何能给孩子温馨呢？为了孩子，别再为些小事吵得不可开交了。

2. 孩子不就那点事吗！有什么大的原则问题需要你们大动干戈！你们如果没有一致的态度，又怎么向孩子表明态度呢？到最后，只会弄得孩子不知所措，影响孩子辨别是非的能力。

3. 别当着孩子的面讨论孩子的问题，不要以为这叫公开透明，你们必须商量好对策再一起面对孩子。如果你们的观点大相径庭的话，在孩子面前讨论，只能引发战争。

4. 吵架是"一个巴掌拍不响"，教育也一样。爸爸妈妈的不良嗜好或不好的品德都会是孩子学习的模板；当然，父母好的品质也会成为孩子的榜样。

第四章

经久不衰的育儿一角：
"小帅"百炼成钢，"小乖"绕指为柔

孩子是一个家庭未来的希望，是父母心中不可取代的宝贝。在教育孩子这个问题上，每个父母都有不同的看法。80后作为一个有思想有个性的群体，教育孩子虽然是八仙过海，各显神通。但目的只有一个，就是让儿女成为品质优秀、个性鲜明的出众人物。

一千个人眼中有一千个哈姆雷特，针对不同的孩子你不可能寻求到一个完全相同的教育方式，因为同样的方法，用在别的孩子身上合适，但是用到自己孩子身上，则可能格格不入。因此，你要动用储存多年的知识能量，好好地思量一番，如何让自家的小宝贝得到最好的最合适的教育方式？

育儿与育女：切勿混淆

不知道你是否听过这样一句话："男孩穷着养，长大后才能知道奋斗；女孩富着养，长大后才能经得住诱惑"。在这里，我们不讨论这句话的对错，而是要知道一个道理，儿是儿，女是女，教育方式绝对不一样。

要知道，养居里夫人和养爱因斯坦绝对不是一回事，尽管他们都是著名的科学家，都曾获过诺贝尔奖。同样，养李宇春和养王力宏也不可能一样，尽管他们都是耀眼的明星，而且一样的帅气。这就说明，教育子女，要分清性别和个性，针对孩子不同的特点，去设计不同的教育方式，千万不可混为一谈。

案例分析

最近几年，出现在公众眼前的许多男艺人都有些女性的倾向，要么追求美艳动人要么确保纤腰细腿，扭扭捏捏的样子十分别扭。这还不算，2010年春天，网络上竟然频频出现"伪娘"，而且还被大多数人所认可，实在让人费解，难道这天下真的到了乾坤颠倒阴盛阳衰的地步了吗？

何谓"伪娘"？顾名思义，就是形似女人的男人。"伪娘"一词流行开来，源于2010年快乐男声的选拔赛。2010年快乐男声分赛区某选手，因为在海选时身穿蓝色丝袜和高跟鞋，化了很浓的烟熏妆而闻名。当时的评委多次打断他的表演，对他的男孩身份表示怀疑。的确，男孩选手除了身份证的性别之外，几乎难辨雌雄，不论是说话还是唱歌，他都是令人吃惊的女性发嗲的声音。

有记者就这位选手这种情况对他和他的一些朋友进行了采访，选手本人声称，自己的女装打扮是最自然的，穿上男装反而不自在。选手的朋友和家人也表示，他平时的确这样打扮，还有很多不知道他性别的男孩子要他的电话号码呢！选手的家人和朋友对他的这种打扮装束都已经习以为常了，每次他和堂姐一起逛街，堂姐介绍他时都会说："这是我妹妹。"他也并不觉得不妥。

针对别人的"伪娘"称呼，选手说："存在即合理"，同时，他还说穿女装是出于兴趣爱好，而且觉得这样穿自然，言语中，透露着一些自信和自豪。拥有男儿身的这位选手其实是一个小女人心态，他甚至觉得自己不能够结婚生子，还觉得是命运的安排。

关于选手的装束我本不该过多的评论，只是我认为大多数的父母还是不能够像他的父母那样开明的去看待儿子的不伦不类。就算80后的你开明又前卫，但是有一个女儿心的儿子，也未必是件好事吧！想要杜绝这种现象其实很容易，只要从孩子小时候起，就给他灌输正确的性别观念，让他从心里明白男女有别。其实"伪娘"并不可怕，可怕的是明明是"伪娘"还不自知，并且引以为傲，忽略自己的性别，并把异端当正常。

说起快乐男声，就不得不提下超级女声。2005年，超级女声选拔赛的冠军现在已经被大家所熟知，她就是中性人物的代表李宇春。

网络上关于李宇春的言论也不少，有些言论不仅颠覆了李宇春的性别，也让人误解了她的形象。

的确，李宇春被大家所熟知，不光是因为她的音乐才华，还有她阳光的外形以及帅呆了的舞姿。据说，李宇春不爱穿裙子，给人"假小子"的印象，小时候还有个绰号叫"春哥"。

很多人都被李宇春帅气的外表所欺骗，她的中性形象也曾颠覆了人们传统的审美观。其实，李宇春的真正魅力并不在外形上，作为中国最具影响力和传奇性的女歌手，她始终坚持自己最初的音乐梦想，用自己的音乐才华和善良坚韧的秉性打动着大家。面对流言，她能够保持自己的本色，不断地为自己的音乐做出努力，交出了一张张成绩骄人的音乐专辑，这些，都是李宇春能够成功的原因，她以自己超强的人格魅力和音乐才华征服了众人。而且在生活中，李宇春也是父母眼中的乖乖女，从小懂事、善良、富有同情心，在老师眼中，她也是个文静害羞的女孩，并不是传言中的"纯爷们儿"。

李宇春和快男那位选手最大的不同点是心态，那位快男选手只是性别为男，其他一切都和女人一样，并且在自己心里也觉得自己就是个女孩子；而李宇春只是单纯的帅气，她本身具有所有女孩子的特点，并没有偏离轨道，所以给人的感觉是阳光大气的。

在这里说这两个人，并不是反对哪一个支持哪一个，只是为了陈述事实。也是为了告诉80后的父母，不要让孩子纠结在性别的问题上一辈子出不来。孩子小时候没有性别意识，需要父母的教育和指点。正确的教育，会让男孩成为坚忍不拔的橡树，女孩成为娇柔又不失刚强的木棉。

反 思

虽然心理医生说了，快男中的那位选手是个正常的人，没有任何的心理问题。即便是这样，有子如此，也是够让人操心的。虽然传统有时需要颠覆，但是在儿女的性别倾向教育上，还是要按照老规矩来。你必须告诉儿子，真正的男子汉应该是勇敢、坚强、富有责任心的；同时也别忘告诉女儿，真正的淑女应该具有善良、温柔、安静、细心等相关的品质。让儿子能够正确地认识自己的性别和随之而来的一些责任和义务，也让女儿长成一个自尊自爱的完美天使，这样，世界才不会乱了套。

怎么做？

1. 不管你的孩子是儿是女，你都要正确地引导他向自己性别方向去发展，不要偏离了轨道。女儿可以多和妈妈学习，男孩则要向爸爸靠拢。

2. 让男孩更早独立起来，告诉他男儿当自强，同时，别忘告诉他，他的责任和使命。让男孩能够在面对困难时勇往直前，并且学会忍耐，做到能屈能伸。

3. 女孩天性敏感、心思细密，更需要父母的尊重与保护，也更需要鼓励与关爱，但是，尊重不等于娇惯，必须让女儿学会自立，告诉女孩，不要做一个寄生虫，让女儿学会自尊自爱。

4. 男孩像女孩一样细心，女孩像男孩一样有英气，这些应该是孩子的优点，而不是缺点，因为和同性人相比，他有更多的优势。只是，在儿女们具备这些异性优点时，千万不要失去自我的本性，否则就得不偿失了。

本质的渗透：
今日之男孩明日之男人

　　人们都说："养儿防老"，男人是家里的顶梁柱，他承担着家里的大部分重任，为家里老幼妇孺撑着一片天。所以，在男孩小的时候，你就要时刻提醒他，男子汉大丈夫，应该有骨气、有责任心、有自信心。父母的教育会让孩子明白自己应该成为什么样的人，要知道，今天的男孩，将会成为明天社会上的中流砥柱、家庭里的中坚力量。

　　男孩好性格的培养比女孩要艰难，男孩更加调皮，很难听进家长的话，他总是自顾自地玩乐，不像女孩子，天性中带着依赖，更加善解人意。因此，想要培养好性格的男孩，就应该激发他的潜能，让他从内心认识自己，渗透他作为男孩的本质。

案例分析

　　凯凯性格内向，不但学习成绩差，能力也不强，做事磨磨蹭蹭，还不爱跟同学交流。

　　从上幼儿园开始，凯凯的表现就比别的孩子差，开始妈妈还不

在意，可如今孩子都上小学二年级了，情况不仅没有好转，还有继续下降的趋势。妈妈开始急了，为什么会出现这种情况呢？妈妈询问了专家。

原来，妈妈对孩子的照顾过于周全，从来不让凯凯做任何事情，以至于孩子动手能力很差。而且，妈妈怕孩子外出不安全，从来不让孩子和同学一起出去玩，也阻断了孩子正常的人际交往。另外，凯凯已经七岁了，还没有独立的空间，一直和父母住在一个房间里，每次写作业，父母都要过来询问，不仅分散孩子的注意力，也导致孩子不会独立思考。

父母这种全面包办孩子的做法，无疑是错误的。孩子这么大了，没有一点独立空间怎么行呢？就算父母对他照顾无微不至，也不应该让他失去自主意识和动手能力啊！这些对于男孩来说都很重要，失去了这些，孩子如何能开朗活泼、聪明伶俐呢？

专家就孩子的情况给了妈妈一些建议：

首先，男孩就是男子汉，要对他进行男子汉的独立性训练和培养。妈妈不能再帮孩子做一些他力所能及的事，要给孩子独立做事的机会。

其次，给男孩一个宽松的环境。与女孩相比，男孩更需要自由也更加独立，所以，父母不要对孩子管教得太过严格，不要什么事都替孩子做主，让孩子做自己的主人。

最后，人际交往可以锻炼孩子的社会适应能力，鼓励男孩去和同龄人交往，而不是限制孩子交朋友。男孩在社交方面本身就不如女孩，如果再进行限制，就会更加糟糕。

另外，专家还说，一定要让男孩认识到自己的价值，父母也可以告诉儿子，天下未来是他们的，让他更有信心去面对困难和问题。

妈妈最近每天回家都很晚，总是把乐乐推给奶奶，不再跟他亲昵了。乐乐心里充满了疑虑："妈妈是不是不爱我了？"其实妈妈只是遇上了一些事情，跟他没有关系。妈妈是怕把坏情绪传染给孩子才躲着他，没想到这样也能让他心生疑虑，看来，真不能小看孩子的心思了。

一天夜晚，乐乐鼓起勇气搂着妈妈的脖子问："妈妈，你为什么总是不理我，老让我跟奶奶在一起？"妈妈想，既然儿子能注意到她的变化，说不定能听懂她的话。于是告诉儿子："乐乐，你现在是家里的男子汉了，妈妈遇到事情你会和妈妈一起去面对，是不是？前几天妈妈一直躲着你，是在考虑怎么跟你说，既然你问了，那妈妈就告诉你吧！"乐乐懂事地点了点头，对妈妈说："妈妈，我是家里的男子汉，一定会支持你的，你说吧！"

妈妈让儿子了解男子汉身份，让儿子心里装着对家的责任，其实是对男孩本质的渗透。她不仅培养了男孩的家庭责任感，同时也让男孩变得善解人意，懂得体谅妈妈的难处。

妈妈接着对儿子说："妈妈在想办法打坏人，遇到了困难，需要独立的空间去思考。乐乐要乖乖的和奶奶在一起，不能打扰妈妈，知道吗？"乐乐听妈妈这么说，瞪大眼睛看着妈妈："妈妈，你在打坏人啊！不用担心，你一定会赢的，我答应你，一定乖乖的。"然后还一本正经地对妈妈说："打仗之前，我要告诉你一个秘密。"于是神神秘秘地趴到妈妈耳边说："我看所有的动画片里，坏人最后都被打败了，妈妈，你要相信好人一定会打败坏人的。"妈妈为儿子的话感动得流下眼泪。

多么聪明的孩子啊！他不仅理解妈妈，也懂得如何去帮助和鼓励妈妈。作为父母，你可以适当地让男孩与你分担艰难困苦，这样才能锻炼男孩的意志，让今日之男孩，变成明日之男人。当然女孩子也一样。

反　思

　　和王子高贵却娇弱的气质相比，相信你一定更喜欢骑士英勇的姿态。培养男孩，就要让他具备骑士精神。不要把儿子当成家里的小王子，这样的男孩不会成为栋梁之才，也没有结实的臂膀可以给人依靠。把男孩当做骑士来养吧！教他独立的能力、自立的本领，让他为你分忧，给你建议，只有这样他才能成为真正的参天大树，为家人遮风挡雨。

怎么做?

　　1. 男孩的内心必须要足够强大，只有独立的空间和自主的意识才能让男孩强大起来，你的过度保护只能成为男孩的绊脚石，让他在前进的道路上不断地摔跤。

　　2. 男孩必须要有胆量，经得起风雨的打击。所以你要培养他的意志力，告诉他，坚强勇敢是每个男子汉必备的品质。

　　3. 男孩都有崇拜的英雄，你可以鼓励孩子像英雄一样成长。绝不能纵容男孩的坏习惯，要坚决制止男孩娇气的行为。

　　4. 想让男孩长大后挑起重担，就必须让他从小就学会为父母分忧解难。遇到事情不要纠结，你可以让男孩适当了解家里的情况，毕竟这个家以后要交给他。

钢铁般的坚强：
真男人的锤炼必不可少

一棵小树需要风雨的打击才能长成参天大树；一个贝壳需要经历无数痛苦才能孕育出珍珠；一只老虎需要战胜无数强大的敌人才能成为森林之王。同样的道理，一个男孩要想长成不怕苦累的坚强男人，也需要经受住锤炼。

你一定不希望男孩是根软骨头，那么，你就要让男孩从小接受锤炼，让他自己去面对失败、困难以及挫折。不经历风雨，怎么见彩虹，没有一次次的疼痛，男孩如何能吸取教训并更好地成长呢？

案例分析

从出生到现在，军军一直受着妈妈的娇惯。小时候学走路，还没摔跤呢，妈妈就赶紧把他扶住了；如果摔倒了，她更是把军军抱起来哄上半天。军军不爱吃饭，妈妈就一勺一勺地喂他；他想要什么礼物，妈妈也尽量满足；而且，他长到九岁还没做过家务，连扫地这样的小事都不会做；一旦离开妈妈，就会显得不知所措、无所

适从。

妈妈这样对待男孩，其实并不好。这样的宠爱只会让男孩娇弱，事事都想依赖妈妈，不能够独立自主，也没有主见。

有一天，老师给同学们布置了一个做风筝的手工作业，做好的风筝留到体育课上放。同学们一个个都很兴奋，觉得这个作业很有意思。只有军军一个人在担心，自己连被子都叠不好，又如何做复杂的风筝呢？

回家以后，军军连尝试的勇气都没有，直接对妈妈说："妈，我写其他作业，你帮我做一个风筝好不好？老师说体育课上需要。"妈妈满口答应儿子，不费吹灰之力就把一个风筝做好了。看到漂亮的风筝军军十分高兴，还在同学们面前炫耀了一番。不久就是体育课了，同学们的风筝要么飞不高，要么飞不起来，还有的一拿出来就摔破了，大家都很羡慕军军有一个飞得又高又远的风筝。就连体育老师也很惊讶军军能把风筝做得这么好，当着全班同学的面表扬了军军，同时让大伙向军军讨教做风筝的妙招。

军军的头一下子懵了，笑容也僵在脸上，风筝根本不是他做的，他何来经验之谈？无奈之下，军军扭扭捏捏地跟老师说了实话，同学们一听全乐了，甚至讥讽道："你是不是吃饭也让妈妈喂啊？"羞得军军直想找个地缝钻进去。

妈妈把孩子的事揽到自己身上的做法，对孩子来说并不是帮助。孩子遇到困难时，必须让他自己想办法解决。你可以给孩子建议，但绝不能替孩子做。不要让他形成依赖，真正的男子汉需要独自克服困难。

在孩子做错事情的时候，父母不要帮孩子处理他惹出来的麻烦，让孩子自己去承担后果，他才能记住这样的错误不能犯。否则的话，孩子只会一次又一次惹出麻烦，让父母替他收拾烂摊子。

父母在文浩犯错时虽然原谅他，但并不帮助他处理危机，他们总是告诉儿子："好汉做事好汉当，你犯的错，应该你去承担后果。"

妈妈让孩子承担错误的责任，这是明智的做法，只有这样，孩子才能真真切切地体会到做错事情的危害，从而杜绝再犯类似的错误。而且，这一次次承担错误的过程，也是父母锤炼男孩的过程，这不仅会让男孩变得坚强勇敢，也能让男孩学会处理危机，让他在面对失误或困难时能够冷静下来。

精力充沛的文浩每天总是状况不断，不是上树捉知了摔下来了，就是和小朋友抢玩具打架了，好不容易消停几天，他又把小姑娘的布娃娃扔到水坑里弄脏了，小女孩气得哇哇直哭。

妈妈了解情况后，先哄了哄小女孩，然后把文浩叫到一边去问："你说吧，把人家的娃娃弄脏了怎么办？"文浩说："我去给她道歉，让她不要怪我。"妈妈点了点头："嗯，道歉是对了，但布娃娃弄脏了光道歉也不会变干净，作为小男子汉，做错事就要负起责任来，你说该怎么办呢？"文浩听妈妈这么说，挺了挺胸膛，仿佛已经是个男子汉了："妈妈，衣服脏了可以洗，布娃娃也可以洗啊！我把布娃娃洗干净不就行了。"妈妈脸上出现了笑容："儿子真聪明，那你去洗吧！妈妈看着你洗，一定要洗干净哦，加油吧！"文浩笑着说："没问题，我可是个男子汉，这点小事难不倒我！"

妈妈没有帮儿子处理危机，只是帮儿子分析问题，让儿子自己去承担后果。妈妈的做法不仅锻炼了儿子的思维能力，而且也培养了儿子勇于承担的勇气，这对于孩子来说，无疑是一种财富。

反 思

孩子的成长不仅需要阳光，也需要风雨。阳光的照耀是为了孩子能够吸收更多的营养，有一个温暖的环境；风雨的打击却是为了孩子能够长得更加强壮有力。想让你的儿子成为一个真正的男子汉吗？那就放开你呵护的双手，让孩子接受锤炼吧！人生不可能一帆风顺，在男孩漫长的一生中，一定会遇到很多风浪，想要前行，就必须顶着风雨和压力。从小开始磨练会让男孩有一颗抗压的心，这样他才能在风雨中走得更稳。

怎么做？

1. 你的男孩，他不光是个孩子，还是未来别人的丈夫和父亲，所以，他必须具备动手能力，具备养活一家人的技能，剥夺他劳动的权利，就是在掠夺他幸福生活的资源。

2. 授以鱼不如授之以渔。不要以为没有你的帮助，孩子就过不了那条河翻不过那道沟。你只要告诉孩子，在过河翻沟时需要注意什么，他一定会让你刮目相看。

3. 让孩子承担错误带来的后果，而不是一面教训他，一面帮他摆平所有的事。男孩子首先要学会担当，你一定不想要一个缩头乌龟一样的儿子。

4. 不能吃苦哪行啊！男孩就要多吃点苦头，想要成为一个真正的男人，自然要经受痛苦的磨练，吃得苦中苦，方为人上人。

为雏鹰长志：
引导他树立远大的理想

列夫·托尔斯泰曾经说过："理想是指路明灯。没有理想，就没有坚定的方向；没有方向，就没有生活。"80后的你是否也曾写过类似于《我的理想》的作文？是否记得当初是如何树立理想的？为人父母之后，你是不是也希望孩子树立一个远大的理想？

当你的男孩有了理想时，你一定要给予鼓励，尊重他的理想，让他有信心去实现理想；如果男孩没有理想，你就要去引导他树立理想，通过他的兴趣爱好帮他找寻理想。同时，不要因为男孩的理想不够远大而嘲笑他，如果他的方向不对，你应该及时给予调整，聪明的父母可以从男孩的小想法中找到远大的理想。

案例分析

九岁的壮壮是家里的小太阳，得到了全家人的呵护与关爱。由于家里经济宽裕，父母有条件满足壮壮的一切要求，所以对他总是

言听计从。壮壮四岁开始上兴趣班，可是五年间，壮壮不仅换了好几个兴趣班，还什么都没有学到，一点理想都没有。老师布置一个题为《长大以后》的作文，壮壮也不知道该写什么。

让孩子参加兴趣班是好事，而且多上一些也会多一些特长，为什么壮壮会没有理想呢？原来父母只知道给孩子报兴趣班，却从来不管孩子是否能学到东西，当孩子说不愿意去时，不问原因就直接让孩子退出，然后重新找兴趣班，再上，而后又重复前一个故事。这哪里是引导孩子树立理想呢？分明是在教孩子半途而废。就这样，壮壮在几年之间上遍了周围的兴趣班，却没有培养出一个兴趣爱好，当然也没有理想。

壮壮理想的缺失和父母的不当教育有关，孩子不知道坚持，父母不应该纵容他，正确的做法是对孩子进行引导，如果孩子觉得上兴趣班很苦，父母就应该鼓励孩子，培养他不怕吃苦的精神，而且也应该告诉孩子，想要实现理想，就必须吃得了苦头。

其实，壮壮在六岁时很喜欢上钢琴兴趣班，当时他弹得很好，进步很快，还说长大后要当钢琴家，甚至生病了还想着去上课。父母看到儿子生病，千方百计地打消了儿子去上课的念头，并且说道："不许去，弹个破钢琴累病了多不值啊！"听了父母的话，壮壮觉得钢琴是自己生病的罪魁祸首了，渐渐就对钢琴产生了敌意，自然不愿去兴趣班了。

父母的这种做法糟糕透了，他们不仅娇惯儿子，还耽误了儿子的前程。孩子的理想树立需要父母的引导，当孩子对什么表现出兴趣时，父母一定要抓住孩子的心，千万不要让孩子形成半途而废的习惯。而且，在孩子有意识去做一件事时，父母应该给予孩子更多的鼓励，而不是用偏激观点去影响孩子的判断。

男孩在小时候，内心的理想意识并不强烈，有可能喜欢什么长大后就想做什么，常常树立一些在大人看来荒唐的理想。

小海非常喜欢汽车，他觉得开车是特别威风的事情，于是跟爸爸说长大后要当司机。爸爸并没有嘲笑他的理想，而是对儿子说："小海真棒，这么小就知道以后要做什么了，爸爸相信你将来一定能成为最棒的司机。"儿子听了鼓励非常高兴，在汽车上投入的时间更多了。

爸爸称赞孩子的理想，让孩子坚定了做司机的念头，也让孩子对汽车的爱好更上一层楼。当然，爸爸并不甘心让儿子做司机，看到儿子玩汽车，他凑上去和儿子一起玩并引导道："小海，你有没有想过汽车是怎么来的？想不想看看小汽车是用什么做的呢？"儿子当然好奇了："嗯，我想知道。爸爸，你给我讲讲吧！""爸爸也不知道，要不我们把汽车拆开来看看吧！"于是爸爸带领儿子拆开了汽车，让儿子对汽车有了更进一步的了解，然后对儿子说："汽车都是汽车工程师制造的，他们不仅会制造汽车，而且就算汽车坏了他们也有办法修好。"儿子惊呆了："原来还有这样的人啊，那他们会不会开车？"爸爸哈哈大笑："当然会开喽，汽车都是他们造的，他们怎么能不会开呢？"儿子若有所思地点点头："哦，那长大后我要当汽车工程师，这样我不光可以开车，还可以制造汽车，真是太棒了。"

爸爸没有强迫孩子去改变自己的理想，而是根据孩子的爱好和兴趣，帮助孩子树立起更为远大的理想。对于理想的树立，父母要做的只是引导，万不可替孩子做主。只有来自内心的愿望，孩子才会有动力去实现。

反 思

　　引导孩子树立理想，首先要了解孩子的兴趣爱好；然后引导他在兴趣爱好中诞生理想；而且，父母要在日常生活中多关注孩子，多和孩子进行交流，鼓励他说出自己的理想，但无论他的理想是什么，你都要做到尊重，只要他能朝着理想不断去努力，就不是空想。我知道你希望男孩能够成为一个更伟大更有用的人，想把他荒唐的理想引上正路。你可以帮孩子拟定计划，让他实现看似荒唐的理想，然后加一些远大的成分，让孩子一步步朝着你设定的目标向前走，这样他就会寻求到真正属于他的远大理想。

怎么做?

　　1. 首先要培养孩子的兴趣爱好，有兴趣的东西才能使孩子长久的喜欢。而且，为自己的兴趣爱好努力，孩子做起来也会更有动力。

　　2. 引导孩子关心国家的发展，了解重大的有积极性的事件，增强作为中国人的自豪感，这样会让孩子的理想变得大气，也容易提升孩子理想的高度。现在很多无理想，甚至觉得做人没意思的孩子，都是受到太多的社会阴暗面的影响，觉得生活没有希望导致的。

　　3. 为人父母，要孩子有远大的理想，自己就该是个有理想敢奋斗的人。如果你对生活都没有一个积极的态度，每天只知道浑浑噩噩地过日子，那你拿什么去要求孩子呢?

　　4. 鼓励孩子去写计划，让理想不再是遥不可及的梦，而是可以实现的，看得见摸得着的实物。这样孩子努力的方向会更加明确，也会让他清楚地看到，每前进一步，就离理想近一些。

富养女原则：
富养女 ≠ 娇生惯养

"从来富贵多淑女，自古纨绔少伟男"，作为育儿圣典，这句话也被你充分运用到教育女儿的大业中去了。对待女儿，你从不吝啬，总是给女儿最好的物质享受，满足女儿的一切要求，让女儿成为名副其实的小公主。

可穿着漂亮公主裙的女儿却骄傲得不可一世，遇到困难挫折却不知道怎么办，只会无端哭泣，又显得如此懦弱和胆小。你懵了，不是说富养女好吗？难道淑女就是娇气的代名词吗？我想，你大概弄错了富养女的概念了。富养女不等于娇生惯养，真正的富养，是在女儿精神领域的投资，从小培养女儿高雅从容的气质，而不是无端满足女儿的一切要求，娇惯女儿的坏毛病。

案例分析

李元一直相信"穷养儿子富养女"的古训，有了女儿之后，更是以富养女的标准来对待女儿。给女儿吃最好的、穿最好的，连生

活用品也追求最好。他通常跟女儿说："宝贝，想要什么你就说，爸爸给你买，不要羡慕别人，别人有的你都可以有。"李元对女儿，可谓是费尽钱财，满足到家了。

但他这种不知节制的满足，却让女儿养成了刁钻跋扈，任性妄为的作风。而且，超好的物质享受也让女儿学会了攀比，让她错误地认为只有拥有的东西比别人好才有面子。

女儿六岁开始学拉小提琴，是小伙伴中间最早上兴趣班的，这让她觉得独一无二。可没过多久，其他小朋友也都上了兴趣班，女儿不再独特，这让她特别不爽。在听到有的小伙伴学的乐器比她的乐器贵时，她甚至跟风似的要学最贵的，让李元十分头疼。

"爸爸，我以后不拉小提琴了，你给我买架钢琴吧！"女儿轻描淡写道。

"为什么不拉小提琴呢？你练得很好啊，老师都说你很棒。"李元一脸茫然。

"小提琴有什么意思？我们班浩浩说一个钢琴可以换几个小提琴呢！弹钢琴多酷啊！我不要小提琴了。"女儿撅着小嘴说。

"乖，并不是贵的就好，咱拉小提琴练好了比钢琴还棒呢！"李元对女儿这样的理由哭笑不得。然而，女儿铁了心要钢琴，李元说什么都没用，最后，蛮横的小姑娘还把小提琴扔在了地上。

李元一味娇惯女儿，总想给女儿最好的物质享受，从来不知道拒绝她的要求，犯了"富养女"的大忌。

尚红有一个优秀的女儿。在女儿很小的时候，她就注重培养女儿的气质，让女儿学钢琴、练习绘画，还时常带女儿去听音乐会、看画展，让女儿从小就受着高雅艺术的熏陶。面对女儿的聪明，尚红也经常不自觉地夸两句。

　　近来，尚红经常听女儿说班里谁穿的衣服真难看，就像是从垃圾桶里捡来的；谁在音乐课上唱歌唱得很难听，全班同学都笑了；有时还说谁回答不出老师的问题挨罚了，其实那问题很简单……尚红听女儿这么一说，开始有点担心了："女儿的确很聪明，歌唱得好，画画得好，学习也一直名列前茅，可是，也不能因为这些小小的成就就开始看不起别人吧！要是养成了这种习惯，看谁都不如自己，不就成了骄傲的孔雀了吗？"

　　尚红一直在女儿的精神领域进行大量的投资，自然不允许女儿出现骄傲的毛病。虽然爱女儿，但并没有对女儿出现的问题置若罔闻，而是及时和女儿进行了沟通，在精神上对女儿实现了富养。

　　她问道："你觉得自己比别人都强是吗？我看你最近看谁都不顺眼。"女儿回答道："那当然了，你不也常说我很聪明吗？"尚红想，可能自己平时鼓励孩子方法不当，助长了孩子的骄傲情绪。于是语重心长地说："你平时做得好，妈妈夸奖你，但你不能因此就看不起别人。也许别人这个地方不如你，但他总有一个强项是你没有的，你应该学会发现同学的优点，而不是一直盯着别人的缺点不放。"然而女儿娇纵地说："他们本来就不如我，我难道有错吗？"尚红说："骄傲使人落后，他们现在的确不如你，但如果你一直骄傲自大的话，总有一天你的同学都会超过你的。"女儿羞愧地低下了头。尚红接着说："妈妈鼓励你、表扬你，是希望你能够自信，而不是让你骄傲，明白吗？"

　　尚红一直致力于女儿的品行教育，力图把女儿打造成一个精神上的富翁，所以不允许女儿的品质有一点瑕疵，做到了真正的富养。

反 思

有人曾形象地说，富养的女孩，见识多，独立，有主见，明智，很清楚自己真正追求的东西，不会被某个傻小子用两块馒头骗走了。这虽然有些极端，但很能说明问题。

有了女孩之后，你完全按照富养的表面涵义不顾一切地满足女孩的物质需求，让女孩能够不羡慕别人。但你却忘了给予女孩正确人生观和价值观的教育，只是娇生惯养。但真正的富养女，并不是满足孩子的一切物质需求，而是要让女孩拥有可贵的品质，只有这样，她才会有控制力，不会轻易地出卖自己。

怎么做？

1. 为你的女孩营造一个富足舒适的成长环境吧！在好的环境里生活，会让女孩有更好的品位，而且高质量的生活也有利于培养女孩的高贵气质。

2. 何为富养？就是让女孩多接触高雅的艺术，比如多听音乐会、多看画展等，这些会培养女孩的情操，让女孩能够拥有独特的气质。

3. 腹有诗书气自华，喜欢阅读的女孩别有一番风情。多带女孩去旅游，见多识广才不容易上当受骗。

4. 你以为买高档用品，花大价钱就能培养出高贵的女儿吗？别做梦了，你是在养吸血鬼呢，现在吸父母的血，结婚后就该吸她老公的血了，这样的女孩要不得，爱慕虚荣的女人到哪里都可恶。

对女儿的期盼：
淑女 = 教养 + 内涵

2001 年，一部韩国电影《我的野蛮女友》风靡全国，80 后的你也曾被这部电影吸引吧！片中的女主角美艳不可方物，个性鲜明，野蛮又粗暴，严重颠覆了传统的淑女形象。

时至今日，淑女一词早就发生了天翻地覆的变化，在《辞海》里淑女的解释是美好贤德的女子，但是，现代淑女还要有独立良好的心理状态，大方自然的交际能力和较好的谈吐、修养、气质、服饰等。淑女是非同寻常的女人，是闪亮夺目的星辰，她不仅应该具有良好的学识，更应该保持灵魂的高洁，因此我说：淑女 = 教养 + 内涵。

案例分析

聪明活泼的小雪是父母眼中的天使，父母都希望她是一个淑女，所以十分注重培养她的淑女气质，让她学习音乐、绘画，希望通过高雅的艺术来熏陶她。父母也非常尊重她，希望她是个独立自主的小姑娘，因此很少管教她。

在宽松又充满艺术氛围的环境里成长的小雪，本来该是一个有主见又有气质的淑女。可却成了老师眼里不懂事的学生，不仅会骂人，还喜欢和老师顶嘴。

同桌不小心把墨水弄到了小雪的课本上，虽然立马向小雪道歉了，但她仍然不依不饶，非要同桌弄干净，还骂道："你眼睛长哪儿去了，这么大的书都看不见，成心的吧！"几句话把同桌弄得面红耳赤。老师刚好经过看到了这一幕，就说了两句："小雪，同桌已经向你道歉了，你可不能得理不饶人！这么咄咄逼人，谁还敢和你玩啊！"听老师这么说，小雪当然很不服气："我怎么样关你什么事！她把我的课本弄脏了，还不许我说啊！"小雪和老师顶起嘴来头头是道，无奈之下老师只能找来小雪的父母。

通过了解才知道，小雪在家里也是这样，和父母顶嘴还振振有词，说什么作为家里的一员，有发表意见的资格。父母对此过于放纵，还觉得无伤大雅。没想到，她竟然变本加厉，在学校也敢胡闹。

小雪无视老师和家长的做法，换言之就是没教养，她不仅不懂得宽容，也不知道尊敬老师。长此以往，如何得了！

父母希望女儿是个淑女，一直注重培养她的高雅气质，却忘了告诉她一个淑女首先应该是一个有教养懂礼貌的人。失去了这一点，就算她接触再高雅的艺术，也不可能成为一个真正的淑女。

妈妈总是对轩轩说做一个优雅的淑女才讨人喜欢，听话的轩轩也一直想着做大家喜欢的淑女。本以为会像妈妈说的那样，有很多人喜欢，可不知道什么原因，大家反而不喜欢和她在一起了，这让轩轩十分郁闷。

为什么会这样呢？因为轩轩根本不知道一个淑女应该是什么样的，也不知道优雅是怎么回事，只是按照自己的理解，在生活中处处小心翼翼，不大声说话，不大声地笑，不迈开大步。同学们都不敢接近她，因为她小心翼翼的样子总是怪里怪气的。

妈妈只强调要做一个淑女，却不给轩轩正确的指导，所以才会出现这种情况。孩子不懂淑女的含义，理解偏差，才导致行为怪异。扭曲了自然的性格，变得矫揉造作。

轩轩喜欢和妈妈一起看韩剧，因为妈妈说韩剧里的女主角大多都是温柔贤淑的，让轩轩学着点。有一次和妈妈一起看《豪杰春香》，看到韩彩英的时候妈妈对她说："你看，这个女演员多淑女啊，姿态很优雅。"轩轩很疑惑："妈妈，她这叫淑女吗？我怎么觉得她走路很夸张，而且笑起来也很大声啊？"听轩轩这么说，妈妈才知道她误解了淑女的意思，于是耐心地讲了起来："宝贝，淑女并不是非要步伐小小，笑不露齿。只要自然真实不做作就行，另外，真正的淑女应该从容不迫、淡定、宽容，而且充满智慧。这样吧，妈妈给你买几本和淑女相关的书，你看了之后才能理解得更透彻。"轩轩挠挠头说："我还以为《丑女无敌》里的裴娜是淑女呢！我一直跟她学来着！"为了当淑女，轩轩都没有开怀笑过。

轩轩想做一个讨人喜欢的淑女，然而却不得其果，主要原因是她没认识到淑女的内涵，只在下表面工夫。一个现代淑女，不必工于女红，不必笑不露齿，但应该是娴静温柔优雅的，她是真诚的、善良的、热情的，同时，也是心胸宽阔刚柔并济的。相信当轩轩理解何谓淑女时，她就能成为真正的淑女了。

反 思

在你给女孩下达做淑女的命令时，你必须告诉女孩，一个真正

的淑女是什么样的，不要让女孩凭空想象，也不要让女孩胡乱猜忌。另外，淑女只是你对女儿的期盼，就算女孩没有达到你的要求，你也不可大发雷霆。只要你能用心培养女孩的品质和气质，让她拥有良好的优雅的礼仪习惯，你的女孩离淑女就不远了。

怎么做?

1. 妈妈是女儿的镜子，想让女孩成为淑女，妈妈起码要有规范的行为。不管婚前的你是野蛮也好，暴躁也罢，现在都要收敛一下，淑女的妈妈可不能是一个泼妇。

2. 当女孩有什么地方做得不对时，你一定要指出来，但不要让女孩难堪，因为女孩的心是玻璃做的，非常脆弱易碎。聪明的父母一定会在私下里规范孩子的行为，而不是当众斥责，让女孩下不来台。要是惹毛了她，女孩也会有很强的叛逆心。

3. 书籍是人类进步的阶梯，通过它，你可以培养女孩的气质和内涵。但是选书很重要，不要以为所有的书都可以供女孩阅读。你应该让女孩多读些名著或是有针对性的让女孩看一些她能从中吸收能量的书，而不是让她看一些花边新闻、八卦杂志。

4. 女孩的心都是细腻的，她能从生活的小细节中去感悟一些道理。你可以把生活中的一些事情当做教材，让她知道淑女的典范。

第七节

让女儿明白:
自尊自爱自强

我们早已远离男尊女卑的封建社会,女人在这社会获得地位的同时,也应该摆脱掉依赖他人的习惯。作为半边天,女孩必须是独立的,能够有独立生活和创造幸福生活的能力。否则,她将会失去自我,成为别人生命里的寄生虫和附属品,毫无半点自身价值可言。

因此,当你拥有女孩时,就要注重培养她的自信和独立意识,让她明白自尊、自爱、自强。告诉你的女孩,一个懂得自尊自爱的女孩才能够得到别人的尊重;一个知道自强的女孩在面对风雨挫折时才能够勇往直前获得胜利。

案例分析

公交车上,五岁的梅梅坐在妈妈腿上,一会儿把腿跷到前面的椅子上去,一会儿把裙子提起来让妈妈看她大腿上的红印,过一会儿又把两条腿分开骑在妈妈身上,动作幅度太大,引起了车上很多人的注意。这么多人的注目,并没有让梅梅老实下来,相反,她闹

得更加起劲。女儿这样胡闹，妈妈不仅没有制止，还和女儿进行互动，实在让人费解。

妈妈的做法显然不对，梅梅是个女孩，在公交车上不好好坐着，一不小心就会伤到身体。而且，跷腿、提裙子这些行为也会给别人不自爱的感觉，女儿不懂，妈妈就应该告诉她。

妈妈虽然不注重梅梅的行为举止，但却要求女儿事事争第一，否则就对女儿大加批评。女儿画画受到老师表扬了，回家跟妈妈说，妈妈首先不是夸奖孩子，而是问老师表扬了几个人，一听女儿说很多人，妈妈就不高兴了，让女儿把画拿出来给她看，看到女儿稚嫩的画作以后，妈妈嘲笑道："画成这样还能得到表扬？估计只要画了画，老师都会表扬。以后好好画，老师只表扬你一个才了不起呢！"

幼儿园在六一儿童节时将举办一个晚会，小朋友们都可以报名参加。梅梅也报名了，学舞蹈的她要给班里一个唱歌的小女孩伴舞。梅梅非常高兴能参加晚会，心想这下妈妈总该表扬我了吧，可妈妈知道后竟然说："为什么是伴舞而不是跳独舞？伴舞有什么出息，看演出的人连你的脸都看不见。"

妈妈这样不顾方式地嘲笑讥讽，可能会让女儿失去进取的勇气。她不仅破坏了女孩的自信，也伤害了女孩的自尊，长此以往，也会影响女孩的身心健康。

玉儿是家里的小公主，过着衣来伸手饭来张口的日子，享受着父母无微不至的照顾，却丧失了自己动手的能力。虽然生活得无忧无虑，可玉儿并不快乐，娇气的她受不了一点苦，同学们都不喜欢跟她在一起。

由于家离学校比较远，玉儿每天中午要在学校吃饭。上了一上午的课，肚子其实早就饿了，但玉儿吃不下学校里的饭，不是觉得白菜不好吃，就是认为萝卜太辣了，每次只吃一点就倒掉了，可玉儿还觉得饿，每天回家都抱怨饭难吃，父母心疼女儿，就把午饭做好装在保温盒里，让女儿带上。

女儿不知道适应环境只会抱怨，父母应当去帮她适应环境，爸爸妈妈应该想方设法使女儿改掉挑食的毛病。

学校每月都会进行大扫除，全校师生一起打扫卫生。在家里从没干过活的玉儿什么都不会做，每次都找机会偷懒，同学们都对她有意见。有一次大扫除时，玉儿没有溜掉，只得硬着头皮和同学一起干活。同学们让她帮忙洗下抹布，可玉儿根本不会洗，看到脏兮兮的抹布，不想拿手去碰。同学把抹布递给她后，她小心翼翼地用两个手指头捏着扔进水桶里，甩了几下就拿出来给同学了，抹布上的水也不知道拧干。同学用鄙夷的语气说："你可真是公主啊，连抹布都不会洗，你妈没教过你拧毛巾吗？"一句话把玉儿说得满脸通红。

的确如此，玉儿的生活起居都是妈妈包管的，她什么都不用操心，娇气的她从来没有碰过脏东西，哪里知道怎么洗呢？不仅如此，从小在蜜罐里泡大的她，还经不起一点批评，同学这样说她，她一回家就大声哭诉，说同学看不起她。

玉儿遇事就向家长抱怨、哭诉，只因缺少自强精神。如果父母能够让女儿学会自立，在面对一些小困难时不帮女儿解决，而是让女儿独立面对，那女孩就会在一次次的挫折中练就自强精神，不会遇事就退缩或寻求父母的帮助。

反　思

　　告诉女儿，想要在这世上活得不卑不亢，活得大方自然，就应该学会自尊自爱自强。跟女儿说说女孩子的行为规范吧，让她从小就学会爱护自己的身体；对她多加赞赏吧，不要打击她的自尊，让她成为一个充满自信神采飞扬的姑娘吧；不要包办女孩的一切，女儿虽贵，但也要学会立足自强，只有这样，她才能够有信心面对生活的波折。只有做到自尊自爱自强，才能获得幸福的生活。

怎么做?

　　1. 女孩不懂爱护自己，难道你还不懂吗？一定要让女孩树立起性别意识，告诉她，女孩子的身体是秘密，不可以随便泄露给他人看。同时，也要让女孩学会保护自己，让她了解女孩应有的行为规范。

　　2. 不要一直进行挫败教育，女孩需要更多的鼓励与赞扬，要知道，你的表扬会让女孩满心欢喜，也会增强她的自尊心和自信心，让她对所做的事更有把握。

　　3. 女儿是水做的骨肉，她的内心非常敏感。所以，千万不要自以为是地嘲笑或讥讽她，你的评价是女孩行动的动力，没有你的肯定，女孩也许会变得唯唯诺诺。

　　4. 不要什么事都替女孩打点好，女孩天生有一双灵巧的手，很多事情她都会做，不需要你来代劳。自立的女孩才能够不去依赖别人，从而变得自强。

第五章

最轻松单纯的牵引：
让孩子走在美德的阳光大道上

　　你是前卫个性的父母，自然不想生出一个庸才，而一个完美宝宝必须是一个拥有美德的人。虽然社会上的美德渐失，但美德的故事依然振聋发聩，它们将会成为最轻松单纯的牵引，让你带领孩子走在美德的阳光大道上。

　　生活在社会主义国家，首先，你要让孩子具备爱祖国、爱人民、爱劳动、爱科学、爱社会主义的基本美德；同时，也不要忘了中华民族的传统美德，让孩子善良、勇敢、有责任心、诚实，只有这样，你的宝宝才是最具魅力的新新小孩。

莫把美德当小事：
美德带给孩子的独特魅力

培根曾经说过："美德好比宝石，她在朴素的衬托下反而更加华丽。美德犹如名香，经燃烧或者压榨而其香愈烈；美德犹如慧心，即使厄运来临，她依然是人们走向成功的忠实导引。"这句话，充分证明了美德的作用和影响。

你不是不知道美德的重要性，只是你觉得这个年代，美德的力量已经大大削弱了，因此满腹经纶满脑主见的你常常忽略美德的教育，对此还振振有词，说孩子应该自由地成长，不能受到太多的束缚，美德这种事自然而然也就成了，不必刻意去培养。我不得不说，你又犯了偏激的错误。就连柏拉图都说："年轻时形成的观念是很难消除和改变的，因此，年轻人成长时首次听到的故事应该是美德的典范。没有哪种训练能比这更高贵的了。"

案例分析

肖克夫妇并不注重孩子的美德教育，在他们家里，儿子拥有至

高无上的权利和自由，可以随心所欲。他们给孩子灌输平等思想，还经常告诉儿子："小孩和大人是平等的，不要觉得大人了不起，要知道，你才是未来的主人翁，爸爸妈妈就是为你铺路的人。"如果儿子有什么事情需要征求父母同意，他们也会说："宝贝，咱家是民主的家庭，你的事情可以自己做主，用不着问我们。"

肖克夫妇的言论对儿子的影响非常大，很快儿子就养成了自以为是自做主张的毛病，做事情总是以自我为中心，完全不知道尊重他人。

一天，家里来了一位重要客人，妻子在厨房里准备饭菜，肖克则陪着客人坐在沙发上聊天。儿子放学回来以后，看到家里有客人，并没有向客人问好，而是把书包往沙发上一扔就往外跑，肖克叫住了他："儿子，这是林叔叔，快，给林叔叔倒杯茶。"儿子拿眼瞟了一下客人，然后对肖克说："爸爸，要倒茶你自己倒，同学还在楼下等我打球呢！"说着就跑了。弄得肖克很尴尬，只得解释道："我们家比较民主，从来不强迫孩子，所以孩子说话比较直爽，你别见怪。"

儿子打完球回来，看到还没开饭，就直接冲进厨房："妈妈，我饿了，我要吃饭。"妈妈温和地对儿子说："宝贝，等妈妈把这个汤做好就开饭。"儿子看到餐桌上已经摆有几道菜，就对妈妈说："妈妈，我不喝汤了，这不是有菜吗？我现在就要吃饭。"妈妈讨好似的对儿子说："乖，现在不能吃，家里来了客人呢，我们要和客人一起吃饭。"儿子完全不听妈妈的话，蛮横地说："来了客人怎么样，我们是平等的，我现在饿了就要吃饭。"妈妈只能无奈地摇摇头。

儿子不尊重他人，不懂得待客之道，是肖克夫妇平常不注重美德教育造成的。肖克夫妇过于追求家庭的平等，对孩子太过放纵，才导致孩子产生以自我为中心的自私行为。父母当然可以在家宣扬自由和平等，但也应该注重培养孩子的美德，让孩子懂得尊重别人，待人接物要有礼貌。否则，单纯的自由和平等只会让孩子成为一个没教养的野小子。

城城父母开了一个小卖部，在物质上从没有亏待过他，家里每次进了新食品，他都要先试吃。不光是这样，父母对他的生活起居也照顾得十分周到，什么活都不让他干，家里虽然忙，但城城却没帮父母干过任何活。

父母的宠爱，让城城养成了好吃懒做的坏毛病，而且，生活过于安逸的他，也不知道孝顺父母。

暑假时，天气炎热加上生意繁忙，妈妈病倒了。这样一来，里里外外那么多事，爸爸根本忙不过来。父母商量后决定，让城城去帮爸爸几天，反正假期也没事。于是妈妈把他叫到病床前说："城城，妈妈病了，小店爸爸忙不开。这几天你去帮帮爸爸，不要整天去外面玩了。"城城不能体会父母的难处，还嬉皮笑脸地说："我能帮什么忙？我什么也不会做，你还是让我离远点吧！免得给你们添乱。"妈妈无奈地说："那么大一个摊子，你爸一个人看不过来，你去看个门吧！"看妈妈不像开玩笑，城城不乐意了："我不看门，人家都可以去外面玩，凭什么我要看门？"妈妈气得眼泪都出来了："我和你爸爸辛辛苦苦为了谁啊？你不看门是吧！那你以后也甭吃东西了，我就当没养你这个儿子。"城城看妈妈发火了，只得妥协，但他除了看门之外什么也不做。每天跷着二郎腿坐在小卖部门口，一边看着漫画书一边嗑着瓜子，有人来买东西了，他就大声喊爸爸，看着爸爸忙得满屋子转，他还不知羞愧地嘲笑爸爸是"热锅里的蚂蚁"。

城城这样不懂事，好吃懒做又不知体恤父母，完全背弃了尊老爱幼、勤劳等中华民族的传统美德。当然，城城之所以变成这样，和父母的教育也有关系，父母从来没有要求他分担家里的活，还纵

容他吃喝玩乐，才导致他养成好吃懒做的毛病。同时，父母一直满足他的要求，却不让他知道生活的艰辛，他自然不能体会父母的辛劳，不知道去孝顺父母。

反　思

　　孩子出生以后，你总是尽力给孩子最好的教育，让孩子多学一些知识。可却常常忽略美德，只鼓励孩子学习文化知识，以为这样才能让孩子更好地解决生活中的难题。其实，只有让孩子拥有美德，他才可以在人生路上走得顺畅；只有拥有美德，他才能学会与人相处，也才会变得懂事，才能真正成熟起来。而且拥有美德的人，才有独立自主人格，能够尊重自己也被别人尊重，自己快乐的同时也能使周围的人快乐。

怎么做？

　　1. 你整天宣扬着平等自由，为什么不告诉孩子人与人之间应该互相尊重呢！告诉孩子，互相尊重是平等的基础，千万不要让孩子养成目中无人的习惯。

　　2. 不要以为大家都那么亲近了就不用说"请""谢谢""对不起"，谁不喜欢别人对自己礼貌啊！而且，父母的礼貌语会在潜移默化中影响孩子！

　　3. 你不仅要爱孩子，也要让孩子学会爱父母老人。尊老爱幼是中华民族的传统，这一点无论如何也不能忘记。让孩子学会设身处地为父母着想，让他对父母的养育感恩，只有这样，他才会孝敬父母。

4. 多给孩子讲美德的故事，让他从故事中去感受美德，在心里建立一个关于美德的仓库，这样才有助于孩子在美德的大道上一路阳光。

第二节

孩子的第一堂课：
善 良

善良是一种美德，也是一种希望，它能让人们在生活中感受更多的美好与幸福。善良的人不光给人带来快乐，自己也能得到幸福。善良如此重要，你当然也希望孩子拥有善良的品质。

虽然中国有"人之初，性本善"这句话，但这只能说明孩子有向善的天性，而真正的善良，依然需要大人去挖掘和触动。在德国，很多家长在孩子很小的时候就让孩子喂养小动物，让孩子能够体味生命的可贵，从而触动心灵深处的善良；作为中国父母，你也应该给孩子上一堂善良的课，让孩子能真正去体会善良。

案例分析

涵涵是个心灵手巧的女孩，作为班里的生活委员，她深得同学和老师的喜爱，每天都十分快乐。

最近，班里转来了一个腿有残疾的小女孩，老师让涵涵帮助照顾小女孩在学校里的生活，如陪她上厕所等。这让涵涵十分苦恼，她觉得自己虽然是生活委员，但也没有照顾残疾人的义务，而且整天陪一个残疾人上厕所多丢份啊！虽然心里不爽，但又不敢拒绝，怕给老师留下不好的印象，所以心中一直纠结，每天都闷闷不乐。

妈妈了解到涵涵不开心的原因后，开导道："乖女儿，你知道老师为什么让你照顾那个姑娘而不是去找别人吗？"涵涵根本不理会妈妈的话，心不在焉地说："我哪知道啊，我倒希望老师去找别人呢！"妈妈摸摸女儿的头接着说："老师让你照顾残疾人，是因为他对你充分信任，相信你能做好啊！"可涵涵却说："我当然能做好，可我为什么要去做呢？那个小女孩残疾了关我什么事，别人都不需要特别照顾，为什么她需要？还让我陪她上厕所，我又不是她保姆。"

原本以为孩子是因为多干活了心里不痛快，现在才知道孩子心里根本没有同情弱者的概念。妈妈想，孩子这样下去怎么得了，没有同情心的孩子如何善良？如果一直这样，甚至会变得冷漠起来。

妈妈的脸严肃起来，她让涵涵站到自己面前，语重心长地说："涵涵，你们班的那个小女孩多可怜啊，那么小就不能跑不能跳，不能跟你们一起上体育课，连上厕所都要有人陪伴，一点自由都没有。而你呢，没有一条病腿拖住你的脚步，可以尽情地玩耍，还有那么多人喜欢你，多幸福啊！这么幸福的你去帮助一个可怜的残疾人，是不是应该的？从小爸爸妈妈就教你要乐于助人，你没忘吧？而且一个善良的人要同情弱者，知道吗？"涵涵理解了妈妈的话，向妈妈保证道："妈妈，你放心吧，我一定会好好帮助那个同学，让她像我一样幸福快乐。"

孩子也许不懂什么是善良，不明白应该同情弱者，这时，作为父母，你要帮助孩子理解善良，让孩子用善良去帮助别人的同时，也获得快乐。

　　莉莉在生日晚宴上穿了一条白色的裙子，上面清晰地画着一个兔子的图案。当大家都夸好看的时候西西哼了一声："有什么好看的，这是我见过最丑的兔子。"莉莉虽然很生气，可碍于面子并没有发作。大家对莉莉表达生日祝福之后，作为小寿星，莉莉要向大家致谢，没想到西西又来抢话："我知道她想对大家说谢谢，每次生日都这样，没有一点新鲜感！"莉莉觉得西西让自己下不来台，于是气鼓鼓地跑回房间。

　　妈妈到房间里来安慰莉莉，莉莉哭着对妈妈说："西西怎么能这样呢？今天我才是主角，她这么不给我面子，等以后她做什么事情时，我也要找她麻烦！"妈妈觉得小孩子之间不存在大仇大怨，更不应该想着去报复，就对女儿说："嗯，妈妈也觉得西西今天做得有些过分。她大概忘了今天是你的生日了，要不就是她遇到什么不开心的事了，要不我们去问问她？"莉莉生气地说："就算她遇到什么事情也不该拿我撒气啊，我们还是好朋友呢，她怎么能这么对我！"妈妈沉思了一会儿，接着对莉莉说："宝贝，西西今天做得不对，我们都看到了。其实她平时对你挺好的，今天一定是遇到什么事了，作为好朋友你却没有和她分担，所以她才会不高兴，想冲你发火。"

　　莉莉觉得妈妈说得有道理，如果自己心情不好的话，看到别人那么开心也会很烦。于是去问西西是不是遇到什么不开心的事了，西西看到莉莉不仅没有生气，还来关心她，就对莉莉说："对不起，莉莉，是我不好，我不应该在你的生日晚宴上乱说一气。可是你知道吗，我养了两年的小兔子病了，我看你穿了一条兔子图案的裙子，就想起了我们家可怜的小兔子，所以忍不住发火了。"

　　在妈妈的开导下，莉莉用一颗宽容的心去对待西西的挑衅，不仅化解了两人之间的小矛盾，而且深化了她们之间的友谊，这是另一种善良。聪明的妈妈帮女儿挽留了一段友谊，也让女儿懂得了善良的美德，让女儿能够宽容地对待事情，给女儿上了一堂很棒的关于善良的课。

反　思

　　毋庸置疑，善良是一种美德。有了它，你会变得自信、宽容、乐观、积极向上；有了它，你才是充满智慧充满力量的父母。它能带给孩子幸福、快乐，让孩子的生活更加美好。在这里也要提醒各位父母，善良并不等于好欺负，善良也不等于忍气吞声；在要求孩子善待他人的时候，也要告诉孩子，善良不是用伤害自己的方法去讨好别人。

怎么做？

　　1. 让孩子养个小动物，他在照料动物时能体会生命的可贵，从而成为一个善待生命的人。如果没有条件的话，就养一盆花，教他浇花、施肥，通过养东西的过程你也可以触动孩子心底的善良。
　　2. 在教会孩子善良的同时，千万不要忘了让孩子学会保护自己不上当受骗，因为总有一些坏人会利用孩子的善心去做违背良心的事情。做任何事情都有原则，善良也不例外。
　　3. 不要被社会上的欺骗现象吓倒了，不敢去教孩子同情弱者。骗子的确有，他们会利用你的同情心去施骗，可你不能以偏概全，以为所有的弱者都是骗子吧！你必须要教育孩子同情弱者，因为同

情弱者是美好心灵的具体体现。

  4. 人生最大的美德是饶恕，善良的人一般都很宽容。当孩子遇到什么事情想不开时，你一定要引导孩子用宽容的眼光去看待，不要让孩子成为一个心胸狭窄的人。

责任心从小培养：
让孩子做个有责任心的小大人

责任心是一种舍己为人的态度，是一种发愤图强的干劲，也是一种永不消失的精神。对于每一个社会人来说，责任心都是必不可少的，一个有责任心的人，才能够对自己负责，不会浪费年华和生命，知道朝理想的方向前进；同时，责任心对于一个家庭、一个公司、一个民族来说，也是不可或缺的，它是家庭稳定、公司兴旺、民族伫立的基本因素。

责任心的意义如此重大，因此，你要从小培养孩子的责任心，在孩子的心里灌输责任和义务的概念，让孩子做一个有责任心的人。因为，一个有责任心的孩子，才有意志承担责任，敢于对抗失败，直面困难，不让父母操心。

案例分析

"儿子，快吃饭吧！妈妈来帮你整理书包。"早上，看到儿子整理书包，杨云立即对儿子说。

　　"不，儿子，你不会擦车，让爸爸来吧，你去玩你的。"爸爸在擦车，儿子想帮忙，也被爸爸制止了。

　　这样的事在杨云家里经常发生，儿子想做什么事时，爸爸妈妈总是不让他做，一是怕他做不好，二是心疼孩子，不想让他动手。杨云夫妻的这种做法，无疑是培养孩子责任心的杀手。

　　有一天，九岁的儿子放学时把作业本落在学校了，回家后准备去拿被杨云拦住了："儿子，天黑了，咱今天不写了，回头妈妈跟老师说，以后补上就行。"妈妈的话无疑是不对的，孩子的任务就是学习，作业本忘带是他的责任，他应该去承担后果。妈妈这样说，让儿子不懂去负责，自然也缺少责任心。还有一次，杨云在洗衣服，厨房里的水烧滚了，儿子准备去冲开水，也被杨云拉回来了："你不会冲，会烫到的，让妈妈来吧！"妈妈的行为让儿子觉得什么事都与自己无关，于是更加缺乏责任意识。家里停水那天，杨云忘了关水管就上班去了。来水之后，厨房都被淹了，儿子放学后看到厨房一片狼藉，水还在流，可他理都没理，放下书包开始看电视。杨云回家看到这副景象，肺都气炸了，边关水管边冲着儿子喊："你真坐得住啊！没看到家里都快成水灾现场了吗？"儿子不紧不慢地说："又不是我开的水管，关我什么事？"杨云看儿子一副事不关己的样子，气不打一处来："不是你开的你就不关？淹得不是你家吗？"儿子接着狡辩："平时我干什么你都不让，现在不干你又骂我，厨房那么湿，我去关水把鞋子弄湿了怎么办，我才不去呢！"

　　儿子的一席话，让杨云彻底明白了，原来是自己为孩子处处着想让孩子养成了游手好闲的习惯，使孩子丧失责任心。其实，孩子都有主动承担义务的心理需求，但如果家长一直拒绝让孩子承担义务的话，就会打击孩子做事的积极性，从而让孩子变得没有责任心。

　　培养孩子的责任心，就是让孩子懂得承担责任，比如起床后主动整理床铺，饭撒了自己捡起来，吃完饭去洗碗，等等。

责任心的培养要从小事做起，胡静就是这么做的。每次吃饭，胡静都会让五岁的女儿给爷爷奶奶添饭，并且告诉女儿，爷爷奶奶年纪大了，你是他们的孙女，有责任照顾他们。生活中，她处处不忘培养女儿的责任心，让女儿折叠衣服，整理房间，给爸爸捶捶背，给她递擦脚毛巾。她还经常不失时机地告诉女儿，虽然你是小孩，但也是家里的一员，对家人也有一份责任和义务，爸爸妈妈的责任是好好工作让你和爷爷奶奶生活得更好；而你呢，自己能做的事要自己动手，有能力也要帮帮家里人。只有家人各司其职，分工合作，我们才会有一个更加幸福的家庭。

胡静不仅锻炼女儿的动手能力，而且女儿犯了错，她也会让女儿主动去承担错误带来的后果。那天家里来客人了，胡静做了很多可口的饭菜，大家都挺高兴地在一起吃饭，胡静还破例让女儿喝了一杯可乐。可女儿不小心把可乐碰翻了，于是央求妈妈再给她倒一杯，胡静拒绝了女儿的要求："宝贝，不是妈妈舍不得一杯可乐，可是如果再给你一杯，那别人就要少喝一杯，做错事情，就要自己去承担后果。"听了妈妈的话，女儿便不再要可乐。当然，胡静也是一个有责任心的人，婆婆生病的时候，她专门请几天假回家照顾。她用自身的行动向女儿阐释了什么叫责任心，女儿自然也能拥有责任心。所以在她生病的时候，女儿便说："妈妈，奶奶生病时你照顾她，现在你病了，让我来照顾你吧！你要是想喝水了跟我说，我帮你倒。虽然我不会做饭，但我可以帮你买。"

有女如此，夫复何求？也许你会说这是胡静的幸运，但她的幸运并不是与生俱来的，而是培养的结果。她时时不忘告诉女儿，要做一个有责任心的人，同时用自己的行动阐述了什么叫责任心，给女儿留下了深刻的影响。

反 思

　　如果你还在包办孩子的事情，不让孩子去做，那你就不要抱怨孩子没有责任心，因为是你把他本有的责任意识夺走了；如果你还在替孩子收拾他丢下的烂摊子，不让孩子自己去承担后果，那你就不要嫌孩子屡教不改，因为是你给了他犯错的机会。你所有的包办和承担，都是在剥夺孩子幸福生活的权利，你这样做，只会让他失去自理能力，失去责任心。要想让孩子活得更好，你就应该放开孩子的手，让他去承担责任，履行义务。

怎么做?

　　1. 首先，你要让孩子学会对自己负责，不要拒绝孩子主动承担义务的要求，也不要包办孩子的事，给他一个机会和平台，让他展示本事，不要让他养成依赖别人的习惯。

　　2. 好汉做事好汉当，孩子犯的错误必须由他来承担后果，你不用事事代劳。在一次次纠正错误的过程中，孩子会明白何为责任。

　　3. 你必须是一个有责任心的父母，你的孩子会通过向你们学习而变得更有责任心。

　　4. 你要更多的鼓励孩子，赞扬孩子，在他承担责任的时候，可能会有做得不好的地方，对此，你要学会容忍，让孩子在一次次失败中成长吧！只有这样，他才会坚定自己的责任心。

家长以身作则：
爱心的完美传递

爱心是人类最光辉灿烂的天性，也是最崇高伟大的美德。父母作为孩子的镜子，在教育孩子拥有爱心时具有不可或缺的作用。现在很多家长本身缺乏爱心，他们消极悲观，自私狭隘，麻木不仁，这样如何能教出有爱心的孩子呢？只有家长以身作则了，孩子才可能拥有爱心。

如果家长对孩子溺爱成性，也是培养孩子爱心的天敌。我们发现，越来越多的孩子表现出自私自利、以自我为中心的性格特征，这些无不说明问题。虽然爱心在现代社会已经成为稀缺品了，但爱心对孩子成长的作用却不容忽视。因此，80后爸妈们要从我做起，用爱心去感染孩子，让孩子拥有爱心。

案例分析

有这样一则故事。木匠是个不孝的儿子，他对父亲十分苛刻，一直嫌年迈的父亲是累赘，不仅对父亲恶言相向，还不给父亲吃饱饭。

但他对独生子却异常宠爱，有什么好的都留给儿子。全家人一起吃饭时，木匠总是把最好的饭菜夹到儿子碗里，让年迈的父亲吃剩菜剩饭。在父亲生病以后，他以父亲的病会传染给儿子为由把父亲赶下饭桌。再后来，父亲病得连碗都拿不住了，不小心打碎了他的瓷碗，木匠十分生气，大吼了父亲一通，然后给父亲做了一个小木碗，碗里的饭根本不够一个人吃。木匠可不在意这个，甚至庆幸这样可以节省一些饭，就这样，父亲用这个微小的木碗延续着自己年老的生命。

木匠的儿子看到爷爷用这个木碗吃饭，就好奇地问："爷爷，大人不都用瓷碗吃饭吗？为什么你用木碗？"爷爷叹了口气说："爷爷老了，不中用了，用不了瓷碗。"小家伙若有所思地点点头，跑到了木匠的作坊。

因为木匠经常给儿子做一些木制玩具，看到儿子过来，木匠便和蔼地问儿子要什么玩具，然而这次儿子用稚嫩的声音说："爸爸，我不要玩具，我要做木碗。"木匠很疑惑："咦，你要木碗干吗啊？爸爸不是给你买了一个不锈钢的碗吗？"儿子摇摇头说："我是给你做的，爷爷说了，人老了就要用木碗。"木匠听了儿子的话，一下子惊呆了，自己的不孝很可能给自己带来一个不幸的老年时代。

从那以后，木匠开始孝顺老父亲，并且时常心虚地对儿子说："现在我对爷爷好了，你可看清楚，不要再给我做什么小木碗了。"

虽然这只是一个故事，但是却发人深思，父母对孩子的影响是巨大的，父母是否有爱心则决定了孩子是否具有爱心。

叶婷在儿子很小的时候，就让儿子喂养小鱼，让儿子从爱小动物开始，逐渐培养孩子的爱心。在平时的生活中，叶婷也都会不失时机地给儿子上一堂教育课。

上幼儿园时，儿子是个破坏大王，叶婷每次给他买的图画书不到两天就让他给撕破了，那天叶婷看到儿子又在破坏新买的书，就对儿子说："宝贝，如果有人扯你的胳膊你会不会疼啊？"儿子很奇怪地看着妈妈："妈妈，你问得真奇怪，当然会疼啊！"叶婷接着说："那这本书也会疼，你把它撕破了，就等于扯掉了它的胳膊。"儿子疑惑地看着书，半信半疑地说"真的吗？可是为什么它不叫呢？如果我疼了我就会叫。"叶婷说："傻儿子，它没有嘴啊！很多东西都是会疼但不会叫的，但你不能因为它不叫就折磨它吧！你想想，被揪住胳膊是不是真的很疼？"儿子认真地点点头，然后把书好好地合上，还在上面揉了揉。看来，在叶婷的爱心教育下，儿子已经不会随便去破坏东西了。

叶婷把一切事物都赋予生命，然后让儿子设身处地地去想，这样的教育比较容易让儿子接受，如果她直接把书拿过来，并斥责儿子是个暴力狂，没准儿子真就暴虐成性了。

就连带着儿子坐公交车，叶婷也不忘爱心教育，她经常和儿子一起给老人和抱小孩的妇女让位，而且对儿子说："儿子，男子汉要学会照顾人，你看，那边有一个需要我们帮助的人，让我们把位置让给他吧！"如果儿子不愿意，叶婷就会说："我知道你累，也想坐着，可那位老爷爷更累啊！你看他都那么老了，站都站不稳，我们还是让他坐吧！"当然，她也不会强迫儿子，在儿子让座之前，她已经把座让给别人了。在她的潜移默化下，儿子不仅每次也都欣然同意妈妈的让座提议，并且因为帮助别人而感到自豪。

家长在生活中的一言一行，都可以作为培养孩子爱心的摇篮。试想一下，一个热爱小动物、热爱花草、热爱一切没有生命的物体

的孩子，他能不热爱生命，能不充满爱心吗？而一个充满爱心的孩子，走到哪里都会生活得幸福快乐。

反 思

因为爱，你的生活才充满阳光；因为爱，你的世界才如此温馨。爱如此美妙，可如果没有爱心，又何来爱呢？作为孩子的第一任老师，你对爱的理解和行动，将直接影响孩子的对爱的判断。你不仅要让孩子快乐成长，更要教他学会去爱。爱会让孩子的生活变得阳光明媚，爱也会让孩子的世界变得温暖和谐。一个充满爱心的孩子，从小就应该懂得：尊人者，人敬之；爱人者，人爱之。

怎么做？

1. 你是孩子的爱心使者，你的行为会对孩子造成潜移默化的影响，因此，你必须拥有爱心。我当然知道你是有爱之人，但你的那点爱根本不够孩子学习，一个有爱心的人，不光要爱父母爱家人，更要爱社会爱人民。

2. 你有没有发现，当你第 N 次拒绝孩子的给予之后，你再也没有得到过孩子的给予。你爱孩子，孩子也爱你，他会用自己的方式向你表达他的爱，如果你没有接受的话，孩子会觉得爱心无用，以至于再也不愿去付出真心和爱了。

3. 把物品拟人化，然后让孩子去换位思考，这样比较容易建立孩子的爱心体系。另外，你可以利用孩子爱听故事的特点，把一个个爱心故事灌输到孩子心里。

4.你的爱心如何表现呢？不是溺爱，而是宽容。你要尊重孩子，在孩子犯错误时用爱心去感化孩子，让孩子更加深刻地体会爱心的意义。

不要让匹诺曹喊"狼来了"：
我们需要诚实的孩子

"人无信则不立"，一个经常说谎的人，是无法获得大家信任的，也无法在这社会上立足。社会上不诚实的人很多，虽然每个人都知道撒谎不好，可遇到事情还是会不自觉地撒点小谎。你也常常遇到一些大大小小的欺骗事件，气愤之余，深感诚实教育必不可少。

不诚实的危害很大，满嘴谎话的人常被世人唾弃。你知道匹诺曹说谎受到了所有人的鄙夷，你也知道说"狼来了"的那个放羊娃失去了很多羊，因此，你要明确告诉孩子，父母希望他是一个不浮夸不撒谎的诚实少年。

案例分析

于甜女儿从小就养成了说谎的毛病。女儿三岁时，看到电视里一个小女孩裙子破了之后得到了一条新裙子，就对于甜说："妈妈，我的裙子破了，你给我重买一件吧！"于甜没有发现女儿裙子有破损情况，便对女儿说："这裙子哪儿破了啊？"女儿开始耍赖："就破了，妈妈，我要新裙子，电视里的小女孩有新裙子。"于甜觉得女儿的谎言特别可爱，于是笑着说："好，破了，妈妈给你买新的。"

看到女儿撒谎，于甜不仅没有引以为戒，反而继续纵容，她的做法，无异于鼓励女儿说谎。于甜没有认识到，诚信的缺失往往会伤害亲戚朋友熟人的感情，同时也是个人修养的缺失，是道德取向的偏差和人性的堕落。

上幼儿园时，每当天气不好，女儿总是撒谎说不舒服，不愿意去上学。于甜都应允了女儿，这在无形中也助长了女儿的撒谎气焰。于甜老公工作应酬多，经常夜晚不回家吃饭，于甜还让女儿打电话骗爸爸，说家里来客人了，让爸爸赶紧回家，屡试不爽。这当然是不对的，女儿撒谎于甜不管，还教女儿用谎言来欺骗爸爸，这给了女儿一个错误的暗示，让女儿不能正确地看待撒谎，以为撒谎是被允许的。

于甜带着女儿和同事逛街，不料女儿连她的同事也骗。同事在试衣服时，于甜上了趟卫生间。她让女儿在外面等着，等阿姨出来后一起去卫生间找她。然而女儿却对阿姨说："我妈妈有事回家了，她让你帮我买件裙子，然后再送我回家。"同事素闻于甜女儿爱撒谎，自然没有相信她，而是对她说："乖，你告诉阿姨，妈妈到底去干吗了？想让阿姨给你买衣服就直说，不用骗阿姨。要知道，撒谎的小孩一点都不可爱，也得不到礼物。"女儿听同事这么说才知道，撒谎是一件不好的事，以前每次撒谎都能得到好处，弄得她颠倒了是非。

女儿撒谎成性全因于甜教育不当，她在女儿第一次撒谎时不仅没有揭穿女儿，还为女儿的小聪明感到骄傲，多么荒唐啊！其实，只要家长在孩子撒谎时能给予正确的引导，孩子自然知道实事求是，不会胡编乱造。

小元从四岁开始，每天下午 6 点都锁定中央一套看《大风车》，可是，上小学后作业突然增加，每天放学后爸爸都会让他先写作业，看不成《大风车》了，这让小元很郁闷。《大风车》实在太吸引人了，每天小伙伴们讲的内容都那么有趣，只有他一个人插不上嘴，弄得和大伙都没有共同语言了，这可怎么办呢？

小元的这种情况，很多家长都会遇到，在作业和电视之间选择，很多孩子都会毫不犹豫地选择电视，甚至还会为了看电视而撒谎。

的确如此，小元也想到了一个能看电视的点子。他对爸爸说"我在学校把作业写完了，这下可以看电视了吧？"爸爸开始没有怀疑小元的话，让他痛痛快快地看了几天《大风车》。作业每天都完成得那么快，引起了爸爸的怀疑，于是爸爸提出看作业本的要求。可为了看电视，小元的作业写得很差，不敢给爸爸看，撒谎说作业写完放在学校没带回来。爸爸不愧是英明的 80 后，立即从小元吞吞吐吐的话语中听出他在说谎，但他并没有揭穿小元，而是在家里宣布："以后我们家下午 6 点到 7 点之间不许开电视，谁都不能例外。"小元不乐意了："为什么？那段时间正好放《大风车》。"爸爸说："因为有人为了看《大风车》学会撒谎了，连作业都不知道写。"小元急忙说："谁说我没写，我每天看完电视都有写作业。"爸爸这才说："那你说你的作业在学校写完了？"小元不好意思地挠挠头："爸爸，我错了。"爸爸没有批评他，而是对他说："小元，爸爸知道你爱看《大风车》，可是你不能为了看电视而荒废学习啊，更不能因为看电视而撒谎，明白吗？"然后爸爸还给小元讲"狼来了"的故事。小元听到爸爸这么说，就更加不好意思了，低着头说："爸爸，我以后不会说谎了。"

孩子撒谎时，父母要及时指出来，然后给孩子讲道理，孩子不是不可理喻的，只要你说得在理，他一定会明白的。当你发现孩子撒谎，也不要大动肝火，对孩子进行指责，这样可能会给孩子造成心理压力，不能让他更好地改正错误。

反 思

作为中国传统的道德规范，诚信向来被人们推崇和提倡，而诚信的第一步就是诚实。虽然 21 世纪很多事情都发生了改变，但人们对诚信的要求却没有改变。家庭和睦需要诚信，为人处事需要诚信，工作顺利需要诚信，生意兴隆更是需要诚信。诚信遍布在人们生活的每一个角落，作为一个有见地的 80 后父母，要想让自己的孩子以后的生活不被谎言所蒙蔽，就要告诉他，从小做一个诚实的孩子。诚实是阳光，不仅可以照亮前进的道路，也可以温暖自己与他人的心灵。

怎么做？

1. 千万不要在孩子面前说谎。孩子天生不会说谎，很多时候说谎，是受到了父母的影响。那些无痛呻吟的家长要特别注意，你在孩子面前说一些不切实际的话，只会混淆孩子的视听，让孩子养成说谎的习惯。

2. 揭穿孩子的谎言，不要觉得只要谎言无伤大雅，就纵容孩子。你一定要明确告诉孩子说谎的危害，把他撒谎的苗头掐住，才能够制止他继续说谎。

3. 不要对孩子过于严厉，宽容地看待孩子的错误。有时候，孩

子会为了避免父母的责骂而选择撒谎，这时候，你应该反省一下自己，孩子出现任何问题，作为父母，你都脱不了干系。

4. 你必须及时了解孩子的心理需求，孩子说谎基本上有两种原因，一种是为了避免挨打挨骂，另一种就是想要获得某种利益。不管是什么原因，只要你能及时了解了，并且和孩子进行过沟通，都会避免让孩子说谎。

从"一分钱"开始：
做一个拾金不昧的好少年

　　你常常纠结于一个问题，不知道是不是该教孩子做一个拾金不昧的人。不是说你的觉悟不高，没有道德感，只是在价值观颠覆道德观的现代社会，你很害怕孩子会因拾金不昧而受到伤害，太多血淋淋的现实让你不得不告诫孩子，不要多管闲事，不要去拾地上的物品，甚至看到别人东西掉了也不要过问。

　　当你这样告诫孩子时，你有没有发现，你又在以偏概全了，你本着"宁可错杀三千，不能放过一个"的精神，自然是不会受伤，可也失去了宝贵的品质。拾金不昧是一种道德底线，做到这一点，就等于战胜了私欲与贪心，让个人修养得到升华。只是，在教给孩子拾金不昧的同时，你也要让孩子学会保护自己，帮助孩子识破骗局。

案例分析

　　从小受到拾金不昧教育的梁雨却因为拾金遭遇骗子，这让梁雨对拾金不昧这件事耿耿于怀，因此，她从来不希望儿子是个拾金不

昧之人，她说："儿子平安快乐是最重要的，不管太多闲事才能不受伤害。"

刚上幼儿园时，梁雨就对儿子说："走路时要专心，不要东张西望，也不要随便捡地上的东西。"儿子在学校里学了拾金不昧，回来问她："妈妈，老师说好孩子要拾金不昧，拾金不昧是什么意思啊？"梁雨甚至给儿子扭曲地解释："就是不拿别人的东西，不管是掉在地上的还是其他地方的，只要不是自己的就不要。"儿子接着问："为什么老师说捡了东西还给别人才是拾金不昧呢？"梁雨怕孩子受到拾金不昧的影响，最后也被骗子骗了，于是对儿子说："那是以前的拾金不昧，现在是 21 世纪了，拾金不昧的意思已经变了。"儿子很疑惑："妈妈，那我看到别人的东西掉了，也不能去捡吗？"梁雨警惕地说："宝贝，别人的东西掉了千万不要去捡，这世上有很多坏人，他们故意让你去捡东西，然后说你拿了他的东西，妈妈以前就遇到过这样的事。"于是把自己当做反面教材讲给儿子听，儿子听了以后，就再也不去捡东西了，在他的心里，拾金不昧是会受到伤害的。

梁雨胡乱给儿子讲述什么是拾金不昧，同时不让儿子去做拾金不昧的人，这种做法很可笑。保护儿子是人之常情，但"一朝被蛇咬，十年怕井绳"的情绪却要不得，剥夺孩子做好事的机会，让孩子失去拾金不昧的美德更不可取。梁雨给儿子讲自己的受骗经历没错，但是不能过于偏激。让儿子拒绝帮助别人，看到别人掉了东西也不理睬，这样无疑在抹杀孩子善良的天性，让孩子变得冷漠与麻木。梁雨完全可以通过自己的案例，让儿子吸取教训，从而想办法做到既能拾金不昧又能不受伤害，比如看到别人的东西掉了，你可以直接去提醒他，而不是去捡起来；如果失主不在场，你也可以找民警帮忙啊！无论如何也不能教孩子做一个麻木不仁的人！

　　航航是个五岁的小男孩，一天放学后，小朋友们都回家了，只有航航一个人待在教室等待妈妈来接他。忽然他看到教室的走廊上有一块崭新的橡皮，就捡起来放进书包里。回家以后妈妈发现航航的书包里多了块橡皮，便问道："航航，这块橡皮是哪儿来的？"航航得意地跟妈妈说："妈妈，这是我在教室捡到的，是不是特别好看？我早就想要这样一块橡皮了，一定是老天爷听到我的心声后赐给我的。"

　　在孩子第一次捡东西时家长们要特别注意，一定不要忘了告诉孩子捡到东西需要归还，让孩子知道拾金不昧的道理。

　　听说是捡的，妈妈说道："航航，捡到的东西不是你的，怎么能说是老天爷送的呢？"航航反驳："怎么不是？当时教室里就我一个人，除了送给我，难道还会送给别人不成？"妈妈接着说："这块橡皮一定是你们班小朋友掉的，他没有看到，反而让你捡来了，但你不能因为捡到了就说这个橡皮是你的，明白吗？"航航很不服气："这明明就是我捡的啊，为什么不是我的？"妈妈语重心长地说："儿子，妈妈知道你喜欢这样的橡皮，明天妈妈就给你买一块。可是这块橡皮不是你的，你明天要交给老师。那个丢了橡皮的小朋友心里一定很难过，你想想，如果你心爱的玩具不见了，你是不是会很难过啊？"儿子听了妈妈的话，第二天把橡皮交给老师了，老师因此表扬了航航拾金不昧的精神，让航航十分高兴，从此以后无论捡到什么东西，他都能在第一时间送还。

　　妈妈没有因为一块橡皮这样的小事而荒废了教育，从而使儿子变成了一个拾金不昧的好少年，让儿子在拥有良好品德的同时，也赢得了友谊和赞扬。

反　思

　　"我在马路边，捡到一分钱，把它交到警察叔叔手里边……"这首歌曲表扬的正是拾金不昧精神，唱着这首歌长大的 80 后，也一定知道拾金不昧的品质十分重要。一个不懂得拾金不昧的人，他要么是一个贪心的人，不懂得控制自己的欲望，看到别人的东西就想要；要么就是一个麻木不仁的人，看到别人东西掉了也不提醒不关心，事不关己，高高挂起。如果你一直阻止孩子拾金不昧，对孩子捡到东西不知归还的情况不闻不问，那你的孩子也许会成为以上两种人中的一种。反之，你的孩子则会成为一个拥有优秀品质和高尚情操的人。

怎么做?

　　1. 捡到别人的东西要归还，这是一个基本的道德品质，你一定要宣扬这种理念，让拾金不昧在孩子的心里形成标尺，只有这样，孩子才能不受到诱惑。

　　2. 给孩子讲一些拾金不昧的例子。孩子的成长离不开学习，孩子的生活离不开故事，你完全可以让孩子在故事里学习，让故事中的人物给孩子树立一个好的榜样。

　　3. 不要让孩子受到你的不良影响，要想孩子拾金不昧，父母也一定要做到拾金不昧。教育孩子的同时，也是你检点自己的时候，因为你的一切行为都会映入孩子的眼帘。而且，你万不可因为自己曾经受到过欺骗就阻止孩子拾金不昧，防止欺骗的方法有很多种，逃避是无能者所为。

4. 既然有欺骗，就要防欺骗。这点，父母的责任重大。适当给孩子讲一些骗子的骗人手法，让孩子提高警惕。比如，在一个人的东西掉了，你去提醒过他，但他对你不理不睬，你就不要去捡，因为这很可能是骗子设的陷阱。

第六章

80后爸妈最清楚的事：
孩子的性格主导着孩子的将来

作为21世纪社会发展的中坚力量，80后的你很清楚性格对人一生的影响。好的性格能让你的生活变得风调雨顺，能让你在工作上比别人少走很多弯路，同样，也能帮助你发挥潜能，尽情挥洒人生。

你坚信"性格决定命运"，作为父母，你无时无刻都想为孩子塑造一个好的性格。因为孩子的性格决定孩子未来的发展，是你教育孩子的重中之重。你知道，一个自信乐观积极向上的人，走到哪里都有自己的天空，都能活得自在快活；一个自卑悲观消极落后的人，无论走到哪里，也都不能安稳地生活。

比达芬奇密码还难以破译：
孩子性格的密码

孩子出生以后，你每天都在疑虑，不知道孩子为什么哭？为什么笑？甚至抱怨，为什么这么大点小孩，我就是看不透呢？你迷茫地翻看各种资料和书籍，甚至询问专家解决你的疑惑，可每个孩子都是独一无二的，所以你总是得不到满意的的答案。孩子会走路了，会说话了，你还是不能放心，他是不是太胆小了？他是不是有点特立独行？他的脾气是不是有些火爆？

真是一件奇特的事情，一个小小的孩子，竟然有那么多的秘密，一个接着一个，让你猜不透。你感叹道："养育孩子真不容易，给吃给穿也就行了，还要像破译密码一样去理解他，真是困难重重！"

案例分析

绿珠和三岁的女儿在一起看电视，女儿突然哭起来了，绿珠觉得莫名其妙。女儿平时虽然调皮淘气，但很少大声哭泣，问女儿为什么哭，可她说不出来，只是指了指电视，绿珠只顾让她不哭，根

本没注意到这个细节。越问女儿哭得越厉害,她把女儿抱在怀里哄着,女儿还是哭个不停。绿珠生气了:"你这孩子怎么这么任性,哭起来没完没了的!"说着放下女儿,自己离开了。

孩子一定有哭的理由,绿珠不问清原因就给孩子扣上一个任性的帽子,其实不应该。孩子不会表达想法,心里着急,很可能会大哭。这时,父母应该去破解孩子性格之谜,用心去理解孩子,不要给孩子乱扣帽子。

绿珠离开后,老公把女儿抱在腿上说:"宝贝,妈妈是不是欺负你了,跟爸爸说,爸爸替你报仇。"女儿抽泣着摇摇头。老公又说:"那宝贝能不能告诉爸爸你为什么哭?"女儿还是不说话,只是用手指了指电视。爸爸看到女儿指着电视,就把遥控器拿来对女儿说:"宝贝,你是不是想看喜羊羊了?"女儿依然在摇头说道:"不要喜羊羊。"爸爸也是一头雾水,不知道女儿到底要表达什么。但是他还是耐着性子对女儿说:"那你告诉爸爸,你为什么指电视?"女儿又哭了:"妈妈,哇……"老公把绿珠喊来:"肯定是你把女儿惹恼了,她一提你就哭,你们刚才在干什么呢?"绿珠被老公说得摸不着头脑,"我们刚才在看《动物世界》,她平时很喜欢看,谁知道突然就哭了。"老公就问今天讲什么动物,绿珠说"蛇"。说完才意识到,女儿可能是怕蛇。

如果当时绿珠能从女儿的举止上看到女儿的害怕,然后去给女儿相应的安慰,比如把电视换了台,或者告诉女儿蛇其实并不可怕等等,也不会让女儿哭成一个泪人。其实,很多时候,并不是孩子性格难以理解,只是父母没有找对方向,太忽略孩子的心理。

坤坤天生胆小,还没满月就常常被一些大人察觉不到的声响吓得惊惊的。后来大一些了,还是很胆小,不敢单独行动,上厕所还要人陪着，也不像别的小男孩那样好斗，不敢看一些动作类的动画片，看到坏人出场，就吓得闭上了眼睛。在幼儿园时不会做的事，也不敢大声地让老师帮忙，经常尿了裤子。

但另一方面，坤坤在家里十分活跃。想说什么都能大声表达，也能反抗父母，表达不满。家里来了小朋友认为他性格不健全，非常担忧。

其实，坤坤的这种性格完全是父母引导造成的。他刚出生时，全家都想为他营造一个最安静的氛围，刻意让孩子周围的环境变得安静起来，因此，儿子才会对声音那么敏感，听到一点声响就会惊惊的。后来，在儿子的成长过程中，由于给孩子打上了胆小的标签，父母在对待孩子的问题上又过于小心翼翼，怕东怕西，导致孩子越来越胆小。

每个孩子天性中都有活泼的一面，所以他在家里表现出了活泼开朗的性格，这也是因为父母一直在给他灌输"外面的世界很危险，只有家里才最安全"的思想观念。孩子在家里能够放松心态，因为家里有保护他的父母；可一旦离开父母的庇佑，孩子就立马紧张起来，动作也变得畏畏缩缩。

很多时候，不是父母不了解孩子，而是父母不愿意去了解孩子。孩子的世界其实很简单，高兴了就笑，不高兴就哭。每一个孩子都是一本精彩的书，家长担负着读懂他理解他的责任。只有破译了孩子性格的密码，了解孩子性格怪异的真正原因，才能更好地教育孩子，把孩子往正确的方向上引导。

反 思

你常常感叹道："孩子的性格真难了解，甚至比达芬奇密码还难

以破译。"其实不然，没有不能破译的密码，只有不用心的人。只要你能用心去了解孩子，不轻视他、忽略他，对他的想法抱着轻蔑的态度，你会发现，孩子其实很简单。一个聪明的父母，不仅需要给予孩子温暖的关怀和爱，还要做孩子思想上的福尔摩斯，了解孩子的心理需求。不要对孩子的某些情绪妄下断言，过早地给孩子安上一个不恰当的性格标签。

怎么做？

1. 当孩子出现一些问题，性格特点发生变化时，你就要开始自我反省了。你一定是什么地方做错了，可能在教育孩子时某方面做得不够得当，抑或是没有为孩子营造一个好的成长环境，甚至是把自己的不良情绪传染给孩子了……当你总结和反省自己时，你就会很轻易地发现问题的根源，从而更好地解决问题。

2. 无论孩子有什么样的性格特点，都不要过早地给孩子下定义，安标签。如果你都觉得孩子是这样的，那孩子有什么理由不成为这样的人呢？

3. 抛掉你猴急的毛病吧！了解孩子，千万不能操之过急。孩子还小，很多事情说不清楚，作为父母不应该给孩子妄下断言，应该引导孩子说出来。只有了解到孩子的真实想法，才能破解孩子的性格密码。

4. 沟通是孩子与父母之间的桥梁，想要通向孩子的世界，就要和孩子沟通。你不要总以长者自居，沟通时要让孩子看到你的诚意，你必须摆出一个平等的姿态来。

罗丹的手法：
塑造性格也需精益求精

孩子生下来是一张白纸，父母的养育和教导对他有决定性的影响，性格的发展尤其如此。或许有人会说，孩子的性格与父母相像，难道不是遗传吗？当然，骨肉至亲，孩子性格里会有遗传的因素。但是，与其说遗传，不如说孩子在生活中受到父母的影响。因为性格本不是天生的，它的发展和形成是由后天的生活环境以及教育理念加上自己的行为所决定，这也说明孩子的性格需要塑造。

当然，塑造性格不可能一蹴而就，这是一件精益求精的事，需要父母本着精益求精的精神，并且具有细心、耐心和恒心，不要半途而废，也不能操之过急。最好能学习罗丹的雕塑精神，在不断改进中取得胜利，在精益求精中获得完美。

案例分析

"安安，下来，不能往椅子上爬，摔下来会很疼的。"看到三岁的儿子往家里最高的高脚椅上爬，爸爸立马把儿子抱了过来。可刚

扭过头，安安又在往上爬了，乘着爸爸不注意，他还站到了凳子上向爸爸炫耀胜利的成果："爸爸快看，我爬上来了，而且没有摔跤，哈哈……"看到儿子步履不稳地站在高脚椅上，爸爸吓得魂飞魄散，赶紧把儿子抱了下来，还一脸严肃地说："不准爬那么高，再爬爸爸就要打你了，让你不听话。"安安经常会出现这种情况，父母越不让他做什么，他就越要做什么，仿佛在跟父母较劲。

爸爸的做法其实阻碍了孩子性格的发展，孩子在三四岁时会有独立的欲望，所以才出现"反抗"，这时候父母不应该强加干涉，而是对孩子的行为进行引导。怕孩子爬高摔倒，你可以在旁边看着，孩子过了好奇劲就不会想着爬了。也可以在帮孩子爬高的过程中提醒孩子，这么高摔下来会很疼。

这天，安安吃完饭后搬起小板凳往厨房里走，说要去洗碗。他像模像样地站在小板凳上，伸手打开了水龙头，然后把碗对准水管开始用小手在碗里摩擦，水溅得到处都是。妈妈一把把他拉过来，关上水管后冲着他吼道："不会洗碗就不要瞎洗，你看，把衣服都弄湿了，地上也被你弄得都是水。"安安很不服气："妈妈，我把碗洗干净了，你没看到吗？"妈妈轻笑了一声："就你还能洗碗啊，不要捣乱了，你看碗上还有菜叶呢！"妈妈的话让安安低下了头。

妈妈在这件事上的做法欠考虑，孩子热爱劳动，主动去洗碗，妈妈不仅不表扬他，还对孩子进行讥讽，深深地伤害了孩子的自尊心，彼时孩子一定觉得自己是妈妈眼中的捣蛋鬼，这对塑造他自信乐观的性格十分不利，而且很可能以后都不愿帮妈妈做事了。

父母希望孩子成为一个稳妥的人，可是在对待孩子的时候，却没有用一种稳妥的方式，而是非常鲁莽地打断孩子的行动，犯了教育的大忌。以上父母的做法只会影响孩子健康成长，根本不是塑造孩子好性格的方法。

　　很多父母都有这样的想法，树大自然直，孩子大了自然就会懂事。其实这是个错误的观念，孩子好性格的培养，需要父母的教育和指导。

　　程兰在孩子出生前就想将孩子培养成一个优秀的人，所以，她十分注重塑造孩子的性格。她说："性格决定命运，想要获得成功，就要有坚持不懈的毅力。"在培养孩子毅力时，程兰下了不少工夫。

　　当孩子遇到困难时，她会鼓励孩子，让孩子坚持下去，告诉孩子坚持就是胜利。在儿子不到一岁时，她就找来一个能够吸引孩子注意的玩具，让孩子爬着去抓，当孩子接近玩具时，她又把玩具拿远一点，鼓励儿子接着努力，如果儿子抓住了，她就抱着儿子又蹦又跳地欢呼，和小家伙一起分享成功的喜悦。这样的做法，不仅锻炼了孩子的毅力，也锻炼了孩子的恒心，让孩子在很小的时候就知道朝着自己的目标前进。

　　在儿子稍大一些时，程兰又经常给儿子树立目标，让儿子朝着目标前进，但程兰并没有随便给孩子定目标，她会根据孩子的兴趣来设定。兴趣是学习的老师，没有兴趣的话，目标可能永远是目标，不可能成为现实。儿子喜欢画画，于是她给儿子找来一些简单的画让儿子临摹，如果儿子觉得太难想要放弃时，她便会给儿子讲述一些画家为了画画怎么坚持的故事，让儿子有信心去画，而且，不管儿子画得怎么样，她都会先给儿子表扬，然后再指出问题。让儿子既听不出她的指责，又知道努力的方向，因此儿子画画进步神速。每当儿子克服一个难题，程兰就会继续为孩子寻找新的目标，让孩子能够不断进步。

　　程兰不为孩子小小的成绩而满足，不断地对孩子提出新的要求，这就实现了精益求精。在她的引导之下，孩子不仅养成了坚持不懈的习惯，也能够战胜自己，克服困难。

反 思

　　父母就是雕塑家，孩子如同玉石，你必须本着精益求精的态度，才可能雕琢出令人满意的作品。在教育孩子的时候，你要用心体会孩子的需要以及理性地对待他的行为，不要强加干涉他的行动。你要了解他成长的每一步需要什么，多给他鼓励与支持，让他生活在一个温暖和睦的环境中，这些对于塑造性格都很重要。同时，性格的塑造是一个持久的过程，因此你必须持之以恒才能获得成功。

怎么做？

　　1. 积极引导孩子的兴趣，不要把孩子的兴趣爱好抹杀在摇篮里。在孩子醉心于某件事时，应该给予他尊重与支持，让他的心情保持愉快，这样有助于他形成大方开朗的性格。

　　2. 务必要营造一个良好的家庭环境，家庭的幸福和睦会给孩子带来生活的乐趣，消极的家庭气氛，只会让孩子的心灵受到伤害，不可能塑造出好的性格。

　　3. 对孩子的行为多加鼓励，在和孩子的情绪发生对峙时，千万不要用大人的权威去强迫孩子，你要学会和孩子沟通，试着去理解孩子。只有这样，你才可以有针对性地塑造孩子的性格，而不是扭曲了孩子的性格。

　　4. 培养性格是一个长久的过程，所以你必须学会坚持，不能半途而废，不要因为孩子一时没有达到你的目标就对孩子失望。当然，在孩子取得成就时，你也不能沾沾自喜，必须要做到精益求精。

失败是成功之母：
挫败练就性格

　　人的一生不可能一帆风顺，很多波折都在所难免，就算是最伟大的人，也曾遭遇失败的打击，经历过人生的滑铁卢。一个人的性格，将决定着他面对失败的勇气和决心。而面对失败的态度，也将决定着他能否成功。失败是成功之母，如果扛过了失败和挫折，就能具备抗打击能力、不怕失败的精神以及顽强的性格。

　　所以，父母应该从小就用挫败来练就孩子的性格，让孩子能够用一颗平常心去看待自己所遭受的困难和挫折，成为一个真正不怕失败的人。

案例分析

　　七岁的瑶瑶做事畏首畏尾，特别害怕做不好。上体育课时，老师让同学们跳马，全班同学都跳了，瑶瑶却因为害怕摔跤不敢跳。老师和同学们告诉她跳马很容易，只要一股劲就能跳过去，但是她犹豫到最后也没有跳。

　　瑶瑶这样已经很久了，她做什么事都会害怕做不好，有时候连尝试的勇气都没有。小时候学走路她曾经摔过一个大跟斗，头磕在一个坚硬的桌子角上，流了很多血。妈妈特别担心，伤好了很久还不让她下地，一直到两岁才学会走路。后来遇到什么事，妈妈也总是第一时间扑到她前面，帮她遮风挡雨，生怕她受到伤害。

　　妈妈把瑶瑶当成温室里的花朵养育，所以她才会受不了一点风吹雨打。每次遇到困难都不愿意迎难而上，一直选择逃避。瑶瑶如果一直这样，性格可能会变得懦弱。

　　学校有一次举办元旦晚会，瑶瑶所在的班级要出一个节目，全班同学编排一个舞蹈。在排练的时候，瑶瑶跳错了，老师纠正之后，她觉得丢了面子，不愿意再跳了。老师找到妈妈，希望妈妈能够做一下她的工作，让她继续跳下去。然而妈妈却说："孩子既然不想跳，那就算了，我是妈妈也不能强迫孩子做事情啊！"妈妈知道孩子怕跳不好挨批评，不仅不帮助老师好好教育孩子，还为孩子的逃避找借口，这是十分不当的做法。

　　瑶瑶的学习成绩一直不很理想，也和妈妈的教育有关。学习的过程就是不断克服困难的过程，可瑶瑶对困难一直心存芥蒂，总是不能勇敢面对，遇到难题就想放弃。这时，妈妈应该鼓励孩子勇敢面对，而不是怕为难孩子就由着孩子放弃或躲避。

　　妈妈也许想为女儿营造一个好的环境，让女儿生活得一帆风顺，但却在无意中引导孩子逃避失败，让女儿失去锻炼的机会，甚至变得不堪一击。没有人能够避免失败，失败并不可怕，可怕的是你不敢去面对，成为一个胆小怕事性格懦弱的人。

　　对挫败的教育，高钧是一个高手。因为他知道，一个在逆境中经过千锤百炼的人，更具有生存力和竞争力。所以，在儿子遇到困难时,他总是说,没有一帆风顺的大海,只有迎难而上的水手。

儿子三岁开始学滑板,刚开始一直摔跤,虽然有护腕和护膝,但是从滑板上硬生生摔下来还是很痛,练了两天,儿子就想放弃了:"爸爸,我不要学滑板了,每天都摔得很痛。"高钧鼓励道:"儿子,爸爸知道摔跤很痛,可如果你学会了,就不会摔跤了啊!你有没有发现,你今天只摔了三跤,比昨天强多了,只要你好好学,也许明天就不摔跤了。"第二天,儿子在练习的时候还是摔跤了,又来找高钧:"爸爸,我今天练习得特别认真,可还是摔跤了,为什么啊?"高钧摸着儿子的头说:"乖儿子,你已经很棒了,我发现和你一般大的小朋友都没有你滑得好,而且,你今天只摔了两跤而已!要加油!"儿子受到鼓舞,坚定了学习的决心,在短短的一周时间里,已经滑得像模像样了。

高钧从儿子的失败中看到了进步,并且发自内心地表扬儿子,鼓励儿子,所以儿子心里没有失败的压力,在面对失败时,也能够用平常心去对待,因此很轻松就战胜了困难。

儿子学会下军棋后,经常找高钧挑战,高钧从来没有因为自己是大人而对儿子手下留情,总是把儿子杀得片甲不留。儿子也曾表示抗议,说爸爸以大欺小,不愿跟爸爸下了。于是高钧买了一个不倒翁送给儿子,然后说道:"你看这个不倒翁,无论你怎么推,他都坚持要站起来。为什么你不能像这个不倒翁一样呢?只是下盘棋而已,你就这么怕输,以后要是失败了,你该怎么办?难道你要跟对手说,我不跟你玩了,你以大欺小?"儿子听完爸爸的话,拿着军棋对爸爸说:"来吧,爸爸,我们再下一盘,总有一天我能打败你。"高钧笑道:"好,你小子有志气。下棋跟做事一样,一定要不怕失败,坚持到底。"

在高钧的教育下,儿子变得勇敢、坚强又自信,不仅知道失败

是成功之母，而且知道只要自己努力，就一定能战胜困难，赢得胜利。

反思

　　没有人能够否认失败的痛苦，失败让人的愿望不能得到满足，而且阻挡了人们走向成功，这的确是一件令人抓狂的事。但失败又是那么常见，让人无处可逃。要想让孩子生活得更好，就要对孩子进行挫败教育，让他能够勇于面对失败，学会接受失败带来的负面影响。很多家长都害怕孩子受到伤害，怕孩子因为失败而变得自卑，然后逃避现实，其实不是这样的，如果家长在孩子失败时能给予孩子好的建议和鼓励，让孩子从失败中找到价值，那么孩子将不会惧怕失败，也能够更为轻松地获得成功。

怎么做？

　　1. 爸爸妈妈不应该长期包办孩子的事，正确的做法是放手让孩子自己去做，让孩子学会独立面对问题，只有这样，孩子才能够拥有自我解决问题的能力。在面对失败时，也能够因为自身的参与而汲取到教训。

　　2. 告诉孩子，胜败乃兵家常事。当孩子遇到失败的打击时，你不要比孩子还着急难过，以为这样是和孩子感同身受。其实不然，你的表现会直接导致孩子对失败的态度。你最好不要太过在意，教给孩子用平常心去对待失败，这样他才不会太看重失败的结局。

　　3. 告诉孩子，不管结果如何，至少我们曾经努力过，这也是一种收获。面对失败就应该是这种态度。让孩子学会享受美妙的过程，这样，当他没有达到预期目标时，就不会沮丧，甚至会庆幸曾经有过一段美好的经历。

4. 你必须让孩子正面失败，接受失败，培养孩子的抗击打能力。没错，失败是痛苦的，但既然失败了，就应该去接受这种痛苦，而不是因为害怕而不去努力，不做也许不会失败，可却失去了前进的动力。

打开交往的枷锁：
乐观开朗是一把钥匙

现代社会是一个开放的社会，作为一个社会人，首先就要具备沟通的技巧和能力，这样才不至于受到陌生的束缚。如果想更好地在社会上生存，乐观开朗是一把钥匙，它能够帮你进入一个全新的世界，能够帮你打开陌生的枷锁，真正地实现沟通无障碍。

作为父母，你有责任培养孩子乐观开朗的性格，帮孩子打开交往的枷锁。这样，他才能够在以后的社会上更好地立足，活得如鱼得水。而且，生活中有许多事情会让孩子陷入痛苦和忧虑，这时候，如果没有乐观开朗的心态，往往不能很好地去面对这些事情，很可能因此变得沮丧和自卑。

案例分析

害羞的苗苗特别怕陌生人，那天全家人去郊游，碰巧爸爸的几个同事也带着家人一起去。有几个孩子和苗苗年龄差不多，但苗苗却不愿意和他们玩。父母们聊天时，一位阿姨对苗苗说："苗苗，你去跟我家的帅帅玩吧！我们大人说说话。"苗苗警惕地看着那位阿姨，躲在爸爸身后不出来。阿姨让帅帅来叫她，可她一直紧紧跟在父母身边不愿离开，表现出一副拒人于千里之外的样子。

面对陌生人时孩子产生抵触很正常，这时就需要父母的开导，解除孩子对陌生的恐惧。如果父母对孩子的行为不关注的话，漠视孩子对陌生的恐惧，久而久之，孩子就会变得内向不合群。

这时妈妈说："算了吧！我们苗苗害羞，不敢跟陌生人玩。就让她跟着我们吧！女孩子胆小点也好，不敢跟陌生人说话也省了我们担心她被坏人骗了。"几个叔叔阿姨都笑了。妈妈的理论很奇怪，哪有父母希望自己孩子不合群的，真有点自欺欺人啊！就这样，苗苗一直站在父母身边，看到小朋友们玩得不亦乐乎，心里既想去，又因为害怕而不敢去。

其实，妈妈应该鼓励孩子和同龄人玩，并且告诉她这些小朋友都非常愿意和她玩，就算以前不认识也没关系，现在大家在一起郊游就是朋友了。如果孩子实在胆小，妈妈也可以带着她和小朋友们一起玩，有妈妈的陪伴，孩子自然愿意参加游戏，通过游戏，孩子之间也会熟悉起来，这时候妈妈再退出游戏，孩子一定能够和其他小朋友愉快地玩耍，而不是站在旁边干瞪眼。

乐观开朗的性格可以培养，只要父母给予孩子正确的教育方法。当孩子出现交际问题时，父母应该鼓励孩子积极面对，不逃避不退缩。

炎炎最近一直闷闷不乐，不愿意出去跟小伙伴们玩。妈妈觉得奇怪："儿子，最近怎么没见你跟楼下的王小力一起玩呀？"

"妈妈，我再也不想出去玩了。"炎炎沮丧地说。

"为什么呢？你们平时不是玩得挺开心吗？而且你还说他是你哥们儿呢！"妈妈不解地问。

"他根本不是哥们儿,那天我只不过是忘了拉裤子拉链,他就嘲笑我,还当着那么多同学的面指出来,让大家看着我出丑。"儿子愤愤不平地说。

各位父母要注意了,当孩子遇到这种情况时,不要急着给孩子出气,而是应该鼓励孩子开朗地看待朋友之间出现的问题,让孩子明白乐观开朗对于人际交往十分重要。

"原来是这样啊!你是不是觉得他很不给你面子?"妈妈恍然大悟。

"难道不是吗?裤子没拉拉链本来就挺丢人的,他还当着那么多人的面说。"儿子还在气愤之中。

"儿子,那你决定以后都不出去玩了吗?"妈妈接着问。

"我的脸都被他丢光了,还跟他吵了一架,怎么出去啊?"儿子说道。

"其实你还是想和王小力玩对不对?可是你又觉得很丢脸,怕大家笑你。"妈妈说出了儿子的顾虑。

"妈妈,你怎么知道?"儿子疑惑地看着妈妈。

"儿子,妈妈觉得你应该乐观地看待这个问题,你和王小力是朋友,不能因为一点小事就变成陌生人。王小力在这件事上也许做得不对,但他提醒你拉裤链也并不全是恶意啊!小孩子忘了拉拉链很正常,不用觉得难为情。"妈妈对儿子说。

妈妈如果不去倾听儿子的话,用一种乐观开朗的心态去对待儿子遇到的问题,炎炎肯定还在郁闷当中,觉得自己的脸都被王小力丢尽了。

父母一定要帮孩子树立起积极乐观的心态,让孩子能够开朗地对待生活中的一些事情。孩子在人际交往过程中或多或少都会出现一些问题,这时候父母要多关心孩子,了解孩子的心理,帮助孩子分析问题，不要让孩子留着心结。否则，孩子将会失去乐观开朗的心性，变得悲观狭隘起来。

反 思

乐观开朗不仅是一种心态，也是一种品质。有了它，遇到挫折时你才能勇敢面对；有了它，面对朋友时你才能热情相待。为了不让孩子失去乐观开朗的性格，你必须在孩子遇到交际困难时，多鼓励孩子，让孩子能够积极地去看待问题，而不是消极地去对待。同时，多鼓励孩子交朋友，让孩子在交往的过程中去亲身体验乐观开朗。

怎么做?

1. 作为80后，不应该"以爱之名"强权专制地对自己的孩子为所欲为，毕竟孩子也拥有自己的权利，所以不要对孩子进行过多管制，因为你的管制可能压抑孩子天真烂漫的童心，使孩子不能感到真正的快乐和自在。

2. 作为一个社会人，孩子们不可能单独存在，他需要学会合作，学会配合，因此，他需要朋友。你要鼓励孩子多交朋友，而不是为了孩子有更多的学习时间而阻止孩子和朋友交流互动。

3. 乐观开朗是一种心态，有了它，你才能从困难挫折中看到希望。因此，你需要培养孩子在逆境中的生存能力，让他在逆境中锻炼乐观开朗的性格。

4. 你的家，应该是一个快乐温馨的家，让孩子生活在这样的家庭里，有助于他形成乐观开朗的性格。而且，身为孩子的父母，你一定要有积极乐观的心态，言语之中不能有悲观的情绪，否则孩子很可能会受到你垃圾情绪的影响。

做个不会飞的超人：
勇敢地面对一切

俗话说"初生牛犊不怕虎"，所有的孩子天生就具备勇敢的精神，可事实是你害怕孩子受到伤害和委屈，当孩子面临考验时，你恨不得帮孩子克服所有的困难，让孩子在你的保护之下永远不受风雨的打击。你这样做根本不可能让孩子具有勇敢的品质，只会剥夺孩子锻炼勇敢的机会，变得胆小怕事，娇气懦弱。

社会上有太多的险恶需要勇敢去面对，如果没有勇敢的性格，很多时候都会止步不前。如果你想培养孩子勇敢的性格，就要放手让孩子去做事，让他在生活中得到锻炼。

案例分析

"豆豆，妈妈出去买菜，一会儿就回来，你自己在家看电视好不好？"妈妈对正在看电视的豆豆说。"不，我要和你在一起，我也要去买菜。"豆豆立马站了起来，连最爱看的动画片也不看了。"好吧，那我们走吧！"妈妈欣然同意了。

　　爸爸出差没回来，妈妈夜晚在厨房做饭，豆豆非要跟妈妈一起待在厨房，妈妈说厨房油烟大，让她在客厅看电视，她不肯，一直跟在妈妈屁股后面。于是妈妈冲着她喊道："豆豆，快出去，你这么不乖，明天妈妈不带你出去了。"虽然害怕一个人在客厅，可豆豆更怕妈妈把她丢在家里，所以战战兢兢地出去了。

　　女儿不愿独自一个人，肯定是有原因的。妈妈应该弄清楚原因，而不是冲着女儿吼，甚至威胁女儿，直接把女儿赶出门外。

　　晚饭后，豆豆要上厕所，让妈妈陪她去，妈妈要去洗碗，就拒绝了她。豆豆一副很为难的样子："妈妈，我等你，你洗完碗我们一起去好不好？"妈妈虽然奇怪，但也没在意，就对女儿说："你自己去吧！卫生间就在厨房旁边，妈妈洗完碗在门口等你。"女儿又说："妈妈，那我不关卫生间的门好吗？"妈妈随口答应了。妈妈洗完碗忘了承诺豆豆的事，自己去看电视了，豆豆听厨房里没有动静，又没有看到妈妈过来，就喊道："妈妈，妈妈……"妈妈在看电视，没有听到女儿叫她，豆豆以为妈妈把她丢在家里了，于是大哭起来。

　　豆豆害怕孤独，表现得多明显啊！妈妈竟然不予理会，甚至无动于衷，真是大错特错了。妈妈根据自己的心情，有时满足孩子，有时训斥孩子，有时不理会孩子，在相同的问题上一直处于不同的态度，这会对孩子的心灵造成伤害。遇到这种情况，父母应该是鼓励孩子勇敢面对孤独，然后告诉孩子，一个人单独在家是勇敢的孩子。

　　关飞带着三岁的女儿去公园时遇到了一只大狼狗，那只狗长得特别高大，看起来很凶悍。当时女儿并不知道害怕，还指着狗问爸爸这是什么。关飞害怕大狼狗伤害女儿，就吓唬女儿道："这是一个特别凶的狗，专爱咬小女孩，我们还是离它远点吧！"然后抱着女儿就跑。说也奇怪，那只狗看见人跑，作势要来追，幸亏主人拉着链子。这件事给女儿留下了深刻的印象，女儿从此非常怕狗，每次见到狗都躲得远远的。

在遇到狗的时候，爸爸这么跟女儿说是不对的，他的语言和行为对孩子产生了很大的影响，让狗在女儿心里留下阴影，所以女儿在面对狗时才不够勇敢。

关飞发现自己的一句玩笑话让孩子特别害怕狗，非常后悔。于是就给女儿买了一只可爱的毛绒狗，然后告诉女儿，并不是所有的狗都很可怕，像这样的小狗就很可爱，还鼓励女儿去抱抱这只毛绒狗，开始女儿不敢碰，但是她看爸爸拿着没事，也就拿手去碰了一下，小狗并没有发出怪叫，而且毛茸茸的很好玩，女儿欣然接受了狗玩具。女儿爱看动画片，关飞还找来史努比让女儿看，看到那么可爱的小狗，女儿对狗的印象渐渐变好了。在女儿能够接受小狗的时候，关飞又买了一只小京巴送给女儿，带着女儿一起养狗，告诉女儿与狗的相处之道，并对女儿说，小狗其实很乖，一般不会伤害人，只有它感到自己受到了威胁才会去咬人。在爸爸的引导下，女儿不仅不害怕小狗，还和家里的小京巴相处得很愉快。当然，通过养狗，女儿也学会了如何保护自己不被小狗伤害。

一个勇敢的孩子能够生活得更加快乐，因为在他的心里没有恐惧。当父母们发现孩子害怕什么时，就应该鼓励孩子，让孩子变得勇敢起来。真正地爱孩子，就要让孩子战胜内心的恐惧，走出胆小的阴霾。只有这样，孩子在遇到困难时才不会想着退缩，而是敢于勇往直前。当然，教会孩子勇敢，并不等于让孩子去逞强，父母还要让孩子学会保护自己，一个有勇有谋的人才是真英雄。

反 思

　　一个智慧又勇敢的人，就像一个不会飞的超人，能够做出让人惊叹的事业。如果你想让儿女成为这样的人，就应该鼓励孩子勇敢面对一切。告诉孩子，孤独不可怕，黑暗不可怕，鬼怪不可怕，小动物不可怕，困难也不可怕。赋予孩子一颗勇敢的心，让他坚信自己的能力，让他学会克服困难，打倒胆怯，成为一个勇敢的孩子。不要对孩子过分地呵护，该放手时要放手，克服他依赖父母的心理，他才会变得更加勇敢坚强。

怎么做?

　　1. 鼓励孩子单独行动和进行体育锻炼，单独行动会让他克服依赖心理，而体育活动不仅能锻炼他的身体，也可以让他在运动中学会保护自己。

　　2. 赋予孩子一个强大的内心，让他从心底变得强大起来，给他讲一些勇敢的故事，让他从中体会到勇敢的真谛。

　　3. 在孩子受伤时，不要大惊小怪，你的表现会给他造成压力。你要做的是告诉孩子，能够忍受疼痛是一种勇敢的行为，让孩子亲身经历勇敢。

　　4. 勇敢不同于莽撞，也不同于逞强，你一定要切记，在培养孩子勇敢精神的时候，也要教会孩子判断危险，让孩子学会避免危险。

别让你的偏执影响孩子：
保护好孩子天真活泼的性格

每个刚出生的孩子就像天使落入了凡间，开始的时候，他都带着天真活泼的性格。随着时间的推移，人世间的很多污垢压在了孩子身上，让他失去了天真活泼的天性。很多父母都希望孩子能够尽快学会入世，看到孩子天真活泼，就觉得孩子傻里傻气，长大了要吃亏，于是用成年人偏激固执的想法去影响孩子，不但没有保护专属于孩子的天真活泼，反而从中作梗，让孩子过早地失去了快乐的童年。

80 后爸妈，你一定知道偏激固执不好，还常常自诩公正公平。可是，在教育孩子时，你不经意间就容易偏执，把自己的意愿强加给了孩子，扼杀了孩子天真活泼的性格。

案例分析

"妈妈，我想去动物园看猴子，你周末带我去好不好？"闪闪放学回家对妈妈说。

"猴子有什么好看的？乖，咱不去看猴子，周末妈妈带你去学钢琴，小姑娘学钢琴最有气质了。"妈妈偏激地认为看猴子一定不如弹钢琴，立即拒绝了女儿。

"我不要学钢琴，每个周末都要去学，我连一点玩的时间都没有了。妈妈，你就陪我去吧，老师说了，让我们学习描写小动物。"闪闪连老师都搬上了。

"不行，咱家有现成小动物，猫啊、狗啊，什么都可以写，不需要去观察猴子。"固执的妈妈不容商量。

妈妈拒绝孩子的正常要求是不合理的，孩子有孩子的想法，天真活泼的她喜欢猴子也很正常，就算一天不练钢琴又能怎么样呢？妈妈的偏执不仅会让孩子变得呆板无趣，而且会打击孩子天真活泼的心性。

闪闪拗不过妈妈，气鼓鼓地回到房里。夜晚看动画片《西游记》时，闪闪突然灵光一闪，妈妈不是不让我去动物园看猴子吗？那我学孙悟空总可以吧！这样我也可以知道做一只猴子是什么样的，同时能更好地描写猴子。于是，闪闪就把家里的撑衣杆拿在手里，站在凳子上开始学孙悟空的动作，妈妈看到了，立即制止了她，怒斥道："一个女孩子家，不学好，学着舞刀弄棒的像什么样子，你给我下来。"闪闪委屈地说："我在学孙悟空呢，你不让我去看真猴子，还不让我学电视里的啊！"妈妈反驳道："你还在想着猴子，我看你是连电视都不想看了吧！"说着把电视也关了。闪闪非常郁闷，一心想着猴子的她做什么事都无精打采，周末去学琴也打不起精神，关于描写小动物的作业也没有交。

妈妈一心想把女儿培养成一个小淑女，却用偏执把孩子的天真活泼掩埋在繁重的学业之下，这样一来，孩子很可能会变得呆板不灵活。

　　小松是个调皮的小男孩,遇到问题喜欢刨根问底。看到花园里的花开得正艳,小松就对爸爸说:"为什么花会开呢?我前天来的时候还只是花苞呢!"爸爸没有回答小松,而是反问道:"为什么你去年的衣服,今年就穿不上了呢?""这你都不知道啊!我长大了呗!"小松嘲笑爸爸。爸爸并没有生气,而是心平气和地说:"对啊,你会长大,花朵也会长大啊!长大了自然就开了。"小松想了一会儿,不依不饶地说:"爸爸说得不对,妈妈说好好吃饭才能长大,花朵又没有吃饭。""谁说花朵没有吃饭啊?花朵的食物和你的不一样,它是靠土壤里的养分和阳光生长的。"爸爸给儿子解释道。

　　爸爸的回答虽然很平常,但是却蕴藏着大智慧,他没有像某些家长一样对孩子无知的问题进行敷衍,而是告诉孩子植物生长的要领。这样,不仅在无形中保护了孩子天真的心,也让孩子在询问中增长了知识。

　　中秋节的时候,小松和父母一起坐在阳台上吃月饼赏月亮,父母还给小松讲嫦娥奔月的故事。谁知道小松竟然要爸爸把月亮摘下来,他想看看嫦娥究竟在不在上面。

　　面对这个无理的要求,很多家长肯定会大发雷霆,觉得儿子太不知天高地厚,有些甚至会对儿子大加指责。其实,孩子只是好奇,想要了解月亮,并不是想要真的把月亮捧在手里,父母不要用偏激的眼光去看待孩子的要求。如果你认为孩子是要月亮,那孩子就是要月亮,你满足不了孩子,自然会闹得不愉快;如果你认为孩子是有好奇心,想要学习新知识,那孩子自然就是聪明好学的。

　　爸爸首先告诉小松,嫦娥奔月只是一个传说,不是真的,所以月亮上不可能有嫦娥存在。然后端了一大盆清水放在阳台上,并对儿子说,我已经把月亮给你请下来了,但是你不能碰它,要不它一生气就会消失的,儿子懂事地点点头,看到水里的月亮时,小松的

整个眼睛都亮了，兴奋得不得了。

有一个这样浪漫又聪明的爸爸，小松的童年一直过得十分快乐，他不仅保留了所有的天真烂漫活泼，而且十分聪明，做事机灵。

反 思

由于受到社会上太多条条框框的影响，你变得越来越固执和偏激，总是自以为是地觉得孩子不对，用自己的观点去影响孩子。其实，不是孩子不对，而是你太偏执。孩子们都是天真活泼的，就算有些想法不切实际，看起来很荒唐，只要无害，父母就应该加以保护，而不是进行摧毁。孩子的童年应该是快乐的，不应该有过多的负担；孩子的想法是奇特的，不应该受到父母的打击。其实，只要父母不强加干涉孩子的自由，对孩子的合理要求要予以满足，不要给孩子太多的负担和学业压力，让孩子能够自由自在地呼吸，孩子就能保持一个健康的心态，从而保留住天真活泼的性格。

怎么做？

1. 不要让孩子埋在一堆作业中间，给他一个自由轻松的环境。每个孩子都应该有一个快乐的童年，而一个备受学业压力的孩子，注定不能快乐地生活。

2. 不要什么事都替孩子做主，你应该让他自己去选择要做的事。一个能够自我选择的人，必定是个快乐的人，同时也能保持一份天真的心性。

3. 家庭环境不要太过复杂,简单即快乐,还孩子一片干净的世界吧! 不要让他过早地接触一些肮脏的东西,这样他才不会过早地失去天真。

4. 不要束缚孩子,尽量满足他的合理要求,让他觉得自己被重视,他才不会胡思乱想,认为已经失去父母的关爱了。当他说一些不着边际的话时,你不要过于严厉地去指责,要学会发现他的闪光点。

第七章

弥补 80 后爸妈的遗憾：
让好习惯来监督孩子健康成长

或许是受到父母溺爱的影响，或许是没有接受过好习惯的教育，总之，或多或少的坏习惯一直跟随着你，让你去之不能又深受其害。你觉得很遗憾，为什么当初会养成这样的习惯？可是，习惯一旦养成，又很难更改，而且年龄越大越难改。你虽然讨厌这些坏习惯，可真让你改掉，你又觉得力不从心。

你希望孩子能够健康成长，不用像你一样，深受坏习惯的危害，但是习惯的养成是一个长久的过程，在这个过程中，孩子也许会有懈怠，这时父母不应该纵容他。作为父母，为了他能养成良好习惯，你必须严格要求他，以免他偏离了轨道。

良好的学习习惯：
影响孩子一生

　　曾有人这么说过："习惯是人生活中最大的引路人"。一个良好的习惯会让孩子受益匪浅，一个坏习惯也会让孩子受到很多困扰。每个孩子生下来都是相似的，只是后天的教育不同，才会导致孩子形成差异。一个良好习惯的形成，是孩子日后成才的重要条件。

　　在知识汇聚的今天，没有文化几乎寸步难行，因此，孩子必须要获取过硬的知识才能生活得更好，而知识的获取离不开良好的学习习惯；良好的学习习惯，能够让孩子成为一个知识渊博的人，也能够影响他一生的发展。

案例分析

　　小海刚上一年级，每天回家看完动画片需要妈妈提醒才知道写作业，妈妈还经常坐在他旁边陪着，帮他检查作业，几乎没让他单独完成过作业。妈妈这样的行为，让小海养成了依赖心理，觉得有妈万事不用愁。所以他写作业总是三心二意，经常会出现一些低级

错误，每次都需要妈妈指出来。有时候妈妈批评他错得太多，他还反驳道："不是有你帮我检查吗？错了再改就是了！"

小海没有养成良好的学习习惯，不能够单独去完成作业，习惯于依赖父母，全在于妈妈不当的教育，如果妈妈从一开始就不陪伴他，不给他检查作业，也许他能养成独立学习的习惯。

另外，小海也不知道主动去学习。有一次，妈妈有事外出，爸爸夜晚开车送妈妈去火车站，让他一个人留在家里。因为事多，父母忘了提醒他写作业，小海就一直看电视，根本没有想过要写作业，到夜晚睡觉时作业还没写。爸爸回来后发现小海的书包没有打开过，就问小海作业写了吗？小海才想起来作业没写，急得直哭："你为什么不提醒我写作业？现在作业没写，明天老师肯定要批评我了。"爸爸生气地说："作业是你自己的事，还需要别人提醒吗？现在说这些也没用了，抓紧时间写吧！写多少是多少。"于是，小海熬夜完成了作业，由于时间太晚，爸爸没有检查，结果小海的作业出现很多错误，被老师狠狠地批评了一顿。

孩子一点自主学习的意识都没有，只有在父母的提醒下才知道去写作业，这种情况很普遍。现在很多父母都有陪读陪写的习惯，这样其实不好，一旦父母离开，孩子就像失去了主心骨，不知道该干什么了。父母应该放手，让孩子主动去学习，而不是一直陪伴孩子，让孩子对父母形成依赖。

红艳十分注重培养孩子良好的学习习惯，她知道习惯的形成需要时间，所以在孩子还不到一岁时，就开始培养孩子的学习兴趣。

女儿十个月时，红艳开始给女儿讲故事，鼓励女儿和自己一起翻看图画书，如果女儿对哪一页的内容比较感兴趣，她就反复地对女儿讲那一页的内容，让女儿能够领悟到读书的乐趣。在孩子一岁多时，红艳就坚持每天带孩子看 20 分钟的书，让孩子形成习惯，每天到点了就知道拿着书本找妈妈。红艳的坚持让女儿很小就对书本产生了浓厚的兴趣，妈妈讲的故事那么引人入胜，让女儿刚刚学会认字，就迫不及待要去读故事了。

　　每个孩子都喜欢听故事，父母们完全可以利用这一点去培养孩子爱读书的习惯，孩子遨游在知识的海洋中，不仅能汲取到智慧的能量，也能养成良好的学习习惯。

　　不光是爱读书，良好的学习习惯包括很多方面，红艳也很注重培养孩子画画的习惯。女儿上幼儿园时学画画，老师让小朋友们练习画兔子，每天都画，女儿特别厌烦，不想再学画画了。红艳觉得女儿画的兔子已经很像了，没必要再去练习，就对女儿说："宝宝，兔子那么爱吃青草，我们给兔子画个草地好吗？"一有新鲜的提议，女儿马上来了精神，开始聚精会神地画起草地来。又过了一天，红艳又让女儿在兔子的上方画上天空。在红艳的引导下，女儿的画画技能日益娴熟，对画画的热爱也不断加剧。就算后来红艳不再给女儿提示，女儿也知道如何让自己的作品更加完善，同时养成了每天画画的好习惯。

　　这的确是个好办法，它不仅可以调节孩子对学习的厌烦情绪，还让孩子学会如何更好地去学习，真是一举两得啊！

反 思

　　孩子良好学习习惯的养成，需要父母的引导，父母正确的教育会让孩子受益终生，而不当的管教，则会让孩子养成不良的习惯。因此，你一定要用心去培养孩子良好的学习习惯，让孩子能够在知

识的海洋中尽情地遨游。不要去承担孩子学习中的责任，让他独立去完成，同时，不要急于把答案告诉孩子，要让他学会发现问题，解决问题。

怎么做？

1. 培养孩子的读书习惯，让孩子爱上阅读。在孩子小的时候，你可以读给他听，读的时候，最好用书面语，不用帮孩子翻译成口语，这样有助于提高孩子的语言能力，孩子识字以后，你就要引导孩子自己读书，不要再代劳了，找一些有意思的小故事，吸引孩子去读。

2. 学习虽然重要，但它是孩子自己的事，与你无关，你不是孩子学习的监工，不应该守着孩子学习。要知道，没有你的陪伴，也许他会把事情做得更好；没有你的管教，也许他会更有责任心，而不是更有依赖性。

3. 不要让孩子觉得学习是交易，混淆他的学习目的。要知道，学习是为了获取知识，而不是取得成绩，不要用他的成绩来衡量他的成败。所以不要因他的成绩去对他进行奖罚，父母只有做到了这一点，孩子才能专一而单纯地去学习。

4. 培养孩子的学习兴趣。每个孩子都具有好奇、好问、好动的特点，作为父母，你要充分了解孩子的特点，然后对症下药，激发孩子的学习兴趣。

讲究卫生：
让孩子在健康之路上前行

讲究卫生不仅是文明的表现，也包含了良好的个人面貌和对他人的尊重，更重要的是，它关系着每个人的健康。社会在发展，人类在进步，病菌也在蔓延，如果不讲究卫生，很可能会染上许多疾病。

作为父母，你要从日常生活中给孩子灌输健康、预防疾病的知识，并贯彻于行动之中，让孩子懂得这是生活的一部分，这样孩子才会容易接受。那些个人卫生没有搞好的家长要特别注意，不要让自己的坏习惯影响到孩子，最好的办法是戒掉坏毛病，和孩子一起养成良好的卫生习惯。

案例分析

"甜甜，你没刷牙怎么能吃早餐呢？快去把牙刷了！"妈妈看到四岁的女儿起床后直接往厨房走，对女儿嚷嚷。

"爸爸也没刷牙，你怎么不管他，就知道管我！"甜甜不满道。

"爸爸是大人，而且上班快迟到了，你不一样，小孩子不刷牙肚

子容易疼。"妈妈开始吓唬女儿。

"我不信，爸爸肚子怎么不疼啊？"女儿还是不愿意去刷牙。女儿之所以固执己见，是因为爸爸给他做了一个坏榜样，女儿学爸爸是理所当然，有爸爸这样一个不讲卫生的榜样，孩子很难养成讲究卫生的好习惯。

妈妈把女儿从厨房拉到卫生间，对女儿说："今天不刷牙就不准吃饭。"女儿只好闷闷不乐地把牙刷了，说是刷牙，其实把牙刷往嘴里蹭两下就完事，妈妈见女儿已经刷牙了，没再说什么。其实这时候，妈妈可以告诉女儿，做事情不能敷衍了事，要做就应该做好，既然都刷牙了，不刷干净怎么行呢！

刷完牙，女儿就要去吃饭，又被妈妈叫住了："甜甜，你的手洗了吗？"

"妈妈，我看你也没有洗手啊！"甜甜诡辩道。

"妈妈做饭时已经洗过了，不用再洗。"妈妈说道。

"不，妈妈不洗手，甜甜也不洗。"女儿依然很固执。

"不洗手你就别吃饭！"妈妈严肃地说。并把甜甜的饭碗端了过来。

刷完牙还不让吃饭，甜甜哇的一声哭了起来："妈妈是个大坏蛋，牙我已经刷过了，你还不让我吃饭。"妈妈听到女儿哭，又心软了，把女儿抱到餐桌旁边，对女儿说："好了，不哭了，吃饭吧！"闹了一早上，不仅没教会孩子讲卫生，还把孩子弄哭了，真是得不偿失。

其实，妈妈完全可以带个头，在孩子面前再洗一次手，那孩子也许就会心甘情愿地去洗手了。作为父母，你一定要给孩子树立一个好的榜样，不给孩子找借口的机会。当然，在孩子坚持不讲卫生时，父母也要坚持原则，不要因为孩子哭闹就乱了阵脚。

　　妈妈发现灿灿最近做事越来越敷衍，让他饭前洗手，他就随便用水冲一下，连手背都没有湿；让他临睡刷牙，他也是随便往嘴里捣鼓两下子，里面的牙齿根本没有刷到。而且他还经常故意漏掉这些必要的卫生细节，非得妈妈去提醒他才做。灿灿的这种行为，让妈妈非常头痛。妈妈有时说他不该敷衍，他还顶嘴，说妈妈管得太多。

　　这样的事情，你是不是也曾遇到过？孩子没有养成讲究卫生的习惯，总是和父母打游击，父母身心疲惫，孩子的身体健康也受到了影响。

　　那天，灿灿下午出去和小伙伴们打球，回家时不仅热得满身大汗，肚子也开始咕咕叫。为了尽快填饱肚子，灿灿把洗手的事忘得一干二净，抓起馒头开始大快朵颐。等妈妈看到时，灿灿已经消灭掉大半个馒头了。因为手太脏，第二天早上灿灿开始拉肚子。妈妈乘机告诉灿灿，因为他吃饭前不爱洗手，手上的细菌吃到肚子里了才会肚子痛。看病时医生也说他肚子里有寄生虫，给他开了一堆打虫药。经过这次的事件，灿灿明白了不讲卫生的危害。

　　后来，妈妈就给灿灿讲了很多讲卫生讲环保的故事，并且告诉他，一个讲卫生的孩子最讨人喜欢，没有人愿意跟一个脏兮兮的小孩做朋友。这样，讲卫生这件事就印在了灿灿的脑海里，灿灿再也没有忘记饭前洗手。

　　孩子在成长过程中，由于新陈代谢很快，父母要注意让孩子勤洗澡洗头，勤剪指甲，只有这样，才能及时清除身上的细菌和灰尘。同时，父母们也要给孩子勤换衣服，让孩子有一个干净的仪表，这不仅是尊重他人的表现，也会让孩子充满自信。

　　当然，讲究卫生不光是指个人卫生，还有环境卫生。父母在平时也可以给孩子讲一些环保知识，让孩子学会爱护环境，一个干净卫生的生活环境对孩子来说也很重要。

反 思

　　教育孩子讲卫生时，你也一定要做一个讲卫生的人，给孩子树立一个好榜样。孩子的免疫力差，容易受到病菌的侵扰，很多事情大人做也许没事，但孩子却会受到伤害。因此，从幼儿开始，你就要注意保持孩子的个人卫生，让他生活在一个干净的环境之中；孩子稍大一些时后，你就要提醒孩子去维持自己的卫生，孩子做不好时你再去帮忙，不要让孩子形成讲卫生靠父母的习惯。

怎么做？

　　1. 你应该从小培养孩子爱干净的习惯，孩子如果习惯了讲卫生，就不能接受不卫生的现象，自然也不会成为不卫生的人。

　　2. 讲卫生都在生活中的小事里面，所以，你不要忽略那些看似很小的细节，想要让孩子拥有一个良好的卫生习惯，必须从小事抓起，让孩子处处保持卫生。

　　3. 你的任务是监督和引导，而不是代劳，当孩子具有动手能力时，你应该让他学会讲究卫生，而不是靠你去保持卫生。另外，你是孩子行动的榜样，也是孩子模仿的对象，只有你在卫生上起到了带头作用，孩子才知道讲卫生具体应该怎么做。

　　4. 你必须明确告诉孩子讲究卫生的好处和不讲卫生的危害，在孩子拒绝讲卫生时，你要强硬起来，给孩子一个下马威，在讲卫生上，绝不能手软。

学会分享：
我的果汁分你一半

　　孩子在成长的过程中，会出现一段时间的"独占"意识，觉得全世界都是自己的，不愿意和别人分享自己的东西，甚至会出现抢别人东西的现象。80后父母，你的孩子是不是也会这样？也许你会说，这是孩子成长过程中必然会出现的情况，等孩子大了自然就会消失。

　　其实不然，孩子的"独占"意识的确是成长的标志，但父母却不能听之任之或是一笑了之，这段时间是培养孩子性格的重要时间，父母必须要打消孩子的"独占"意识，让孩子成为一个懂得分享的人。否则的话，孩子将会成为一个以自我为中心，自私自利，斤斤计较的人，长大后在人际交往中也会陷入困境。

案例分析

　　点点两岁的时候，吃东西喜欢往妈妈嘴里送，但妈妈心疼孩子，不愿意吃他的东西，总是对点点说："乖宝宝，妈妈不吃，你留着自己吃吧！"渐渐地，孩子就形成了吃独食的习惯，有什么东西都不

愿意与别人分享。

其实，宝宝有与人分享的心愿是好事，父母不应该拒绝孩子的好心，否则就会让孩子产生错觉，以为东西就应该自己吃；或者由于分享时遭到了拒绝，就不愿意与人分享了；无论是这两种情况中的哪一种，都会导致孩子变得自私霸道。

家里来了位小客人，妈妈让点点带小客人去她房间玩，进房间以后，点点把积木拿出来开始盖高楼，还对小客人说，你来看我堆积木吧！小客人蹲在点点旁边，看到点点摆得起劲，也想动手去玩，然而手刚伸到积木旁边，点点就不乐意了："这是我的积木，不许你动。"然后从小客人手里抢过积木。小客人看点点不愿跟他玩，就转身去玩别的玩具，谁知道又被点点抢走了，依然说道："这个也是我的。"一连三次，把小客人弄得手足无措。

妈妈这时进来给他俩送糖果，点点又把整盘糖果端走了，并且说道："这是我的糖，不给他吃。"妈妈知道点点的小气脾气，不但没有责备点点，反而对小客人说："乖，你跟阿姨去客厅，阿姨给你削苹果吃，咱不跟她抢东西。"点点听到妈妈说要给小客人吃苹果，又冲着妈妈喊："苹果也是我的。"小客人听罢就哭了，闹着要回家，不愿意在点点家玩了。

孩子不懂事，不知道分享，妈妈应该给予孩子适当的教导，告诉孩子分享的乐趣，而不是一味地纵容孩子的霸道行径。这时候，妈妈可以跟点点说，糖果有很多，她一个人也吃不完，应该和小客人一起吃，这样才是待客之道。或者可以说，现在别人到你家做客时你这么小气，以后你去别人家里玩，人家也会这么对你，让孩子设身处地地想，孩子也许就明白了。

吴雪在小哲不满一岁时就开始对他进行训练，希望他能够体会分享和互换的乐趣。在儿子拿着一个拨浪鼓时，她就拿一个布娃娃递给孩子，如果儿子接过布娃娃，她就把儿子的拨浪鼓拿走，开始儿子不愿意，两个东西都想要，但是经过反复的练习，儿子已经习惯了用一样东西去换另一样东西。

吴雪的训练其实是让孩子懂得，得到一样东西，你就必须用另一样东西去交换，这正是分享的前身，她的目的是让孩子明白，不是所有东西都是自己的，这样孩子才不会霸道。

小哲大一点时，吴雪经常在他面前与老公分享东西，每次吃苹果，她故意让老公吃一口，还让老公配合着说谢谢，一副其乐融融的样子。同时，她也把苹果分给小哲，让小哲感觉到全家人吃一样东西是一件快乐的事。

小哲四岁生日时爸爸给他买了一个新汽车，他当宝贝一样爱不释手，不让别人碰。那天，妈妈带着小哲在小区花园里玩汽车，邻居家的光光在玩皮球。光光看到小哲的小汽车后，也想玩，于是跑来找他，可他把汽车抱得紧紧的，不愿跟光光一起玩。这时吴雪对小哲说"儿子，好孩子要学会分享，两个人玩还可以比赛，多好啊！比一个人有意思多了。"小哲还是舍不得把小汽车拿出来，吴雪又说"你不是想玩皮球吗？你看小哲有一个皮球，你们可以换着玩，对不对？这样你不仅可以玩汽车，还可以玩皮球，多好啊！"小哲开始动摇了，吴雪接着说："我们小哲是个大方的孩子，一定会和光光一起玩的，对不对？"小哲把汽车递给光光了。

吴雪的做法无疑是正确的，她没有强迫孩子主动交出玩具，而是通过灌输互惠的观念，让孩子理解分享的意义，这样孩子才能打心眼里接受分享这个事实，而不是因为被动接受而对分享产生抗拒心理。

反 思

孩子进入幼儿园后，就要开始面对真正的分享。这时候，如果孩子没有分享意识的话，就会造成不必要的冲突，影响他与小朋友们建立感情。因此，在孩子出现独占意识时，你就要开始培养孩子的共享意识，也许有些困难，但你可以先从他最亲近的人开始，让他学会与人分享，这样他比较容易接受；之后再一点点因势利导，让他彻底愿意分享。值得注意的是，当孩子不愿意分享时，父母不能给孩子太大的压力，也不能强迫孩子把东西分给别人，同时不要因为孩子的小气就对他大吼大叫。让孩子学会分享，是要让孩子心甘情愿地去做，而不是因为受到外界的影响而违心地去做。

怎么做？

1. 你要让孩子觉得分享是一件美好的事，这样他才会打心眼里喜欢分享。当然，作为家长，你也要试着去分享，要知道，你的慷慨大方会让孩子变得慷慨大方。

2. 当孩子不愿分享时，不要用大人的权威去镇压孩子，还对其进行指责甚至辱骂。有你这样的父母，谁还愿意去分享呢？就算孩子迫于压力去分享了，那他的心灵也受到了伤害。

3. 生活中处处都有学问，你完全可以不费劲就让孩子懂得分享，只要你足够留心。你要对孩子进行有益的灌输，在平时的生活中时常跟他提分享，还可以通过影视节目或是小故事给孩子提供分享的榜样，比如给孩子讲《孔融让梨》的故事。

4. 孩子会主动分享了，一定要表扬他的行为，受到鼓舞的孩子，会产生更大的行动力。一旦他体会到分享的乐趣，就不愁他不愿意分享了。

保持好身材：
良好的饮食习惯

随着生活条件的提高，越来越多的人步入肥胖者的行列，进而又演变成一系列的疾病，高血压、高血脂、糖尿病等都紧跟着肥胖的步伐来找人们的麻烦；同时，为了美丽去过度减肥，造成贫血、营养不良的也大有人在。可见，虽然人人都离不开饮食，但在饮食上，却有很多人栽了跟头。

保持一个良好的饮食习惯对每个人来说都非常重要，而好的饮食习惯需要从小培养，因为孩子在长身体的时候，吃什么东西，怎么吃东西都意义重大，马虎不得。吃多了营养过剩，脂肪堆积，很容易变胖；吃少了营养不良，面黄肌瘦，也不是好事。不合理的饮食绝对是好身材的第一号杀手。喜爱美食又注重健康的你，一定希望孩子可以享尽人间美食，同时又拥有骄人的身材。

案例分析

和别的孩子瘦小的身体相比，虎宝要胖得多。对此，父母特别骄傲，觉得儿子很让人省心，不用管他就能吃得很多。父母从来不管虎宝吃什么，只要他想吃，只要那东西能吃，父母都尽量满足他，他们说："孩子在长身体的时候就应该多吃点，既然是食物，就会有一定的营养价值。"

孩子能吃是好事，但如果不知节制的话，好事也会变成坏事。作为父母，不仅要让孩子吃饱，更要让他吃好。一定要挑选适合孩子吃的东西，不要让他随便吃东西。虎宝父母的做法是欠妥的，正确的做法是为孩子调配合理的饮食，而不是让孩子随便乱吃。另外，父母也不要用胖瘦来衡量孩子的健康，有的孩子虽然瘦，但却营养均衡，有的孩子很胖，却常常缺少一些必要的营养，只是脂肪堆积过多而已。

虎宝喜欢吃炸鸡腿，父母就经常带他去肯德基或是麦当劳一类的地方去。虽然深受西方快餐毒害的80后，依然对这些垃圾食品情有独钟，为了味蕾的享受，作为父母的他们，完全没有健康意识。有时候奶奶说孩子不能吃太多快餐，应该多吃点饭，却遭到父母的一致反对，他们辩驳道："人家国外的小孩都是吃这个长大的，所以长得比我们高大威武。你看我们虎宝，才四岁就已经长得比别的小朋友高出一截了，而且这么壮，一定营养充足。"由于吃了过多的油炸食品，虎宝变得越来越胖了，体重超标，常常遭到小朋友们的耻笑。

现在家里条件好了，孩子吃什么父母一般都会满足他，可是一不注意，孩子就会变胖。孩子的饮食要合理化，良好的饮食习惯包括按时按量吃饭，也包括荤素搭配合理。千万不要觉得孩子能吃就不管了，让孩子被一些垃圾食品所吸引。聪明的父母应该尝试让孩子多吃不同种类的食物，让孩子能够吸收多种营养，而不是孩子爱吃什么就一个劲儿给他吃什么。另外，如果不是营养缺失严重，像黄金搭档之类的营养品就免了吧！这些营养完全可以通过合理安排

饮食补回来。

"娇娇，今天早餐你是吃小馒头还是吃土司片啊？"妈妈对正在刷牙的女儿说。"土司片吧！"娇娇吐掉嘴里的牙膏沫，扭头对妈妈说。"好的，那你是喝豆浆还是喝牛奶呢？"妈妈接着问。娇娇思考了一下，对妈妈说："我喝豆浆。"其实娇娇对早餐没什么兴趣，但由于妈妈给了她选择的权利，所以你还是很愉快地吃下了早餐。

在孩子挑食时，要学会让孩子选择，只要这个选择的范围你能够接受，而且对孩子没有坏处就行。当让孩子选择之后你会发现，原先那些他排斥的食物，已经很轻易就被吃掉了。

类似的事情经常在娇娇家发生，每一次，妈妈都能找到办法来对付自己不爱吃饭的女儿。比如女儿看到爱吃的菜时不知道饱，妈妈就针对女儿爱美的天性说道："唉，有的人再吃下去就要长成肥小姐了，要是吃饱了就不要再吃了，去帮妈妈收拾一下餐桌吧！饭后运动一下有利于保持好身材哦！"娇娇听妈妈这么说，赶紧放下了碗筷。有时候还没到开饭时间呢，女儿就嚷嚷着要吃饭，不然就吃零食。妈妈当然不同意了，现在吃零食，吃饭时就不想吃饭了，于是妈妈说："乖，饭马上就好了。零食又没有营养，吃多了还容易长胖，而且营养达不到还长不高，到时候成了又矮又胖的小萝卜就惨了。要不你去喝点水吧！喝水不仅让你的肚子感觉不到饿，还可以美容哦！你一定希望自己是一个漂亮的小姑娘吧！"几句话就把女儿哄住了。就这样，娇娇渐渐养成了良好的饮食习惯。因为身体健康，身材匀称，娇娇还被舞蹈老师挖去当小演员了。

良好的饮食习惯就是这样一天天慢慢养成的，在孩子出现挑食、厌食、暴饮暴食或是不按时吃饭时，各位父母一定要注意，不要对孩子发火或是责难，否则孩子更加反感，还会因为和父母较劲而故意不好好吃饭。正确的做法是像娇娇妈妈那样，采用引导的方式，让孩子自愿去选择，从而养成良好的饮食习惯。

反　思

吃多了怕长胖，吃少了怕营养不良，还有挑食、厌食等一系列的问题，这些让各位家长操碎了心。在当家长之前，也许你从没注意过饮食上的规矩。只知道饿了吃饭渴了喝水，挑出喜欢的菜系饮品就万事大吉了。然而，孩子却不一样，他必须通过饮食去获取足够的营养来满足身体成长的需要，如果父母不多加注意的话，很容易让孩子出现这样那样的问题，不仅会让孩子失去匀称的身材，严重时也会让孩子失去健康的身体。对于有肥胖趋势的孩子，要注意控制孩子的饮食，让他少吃多糖油炸的食物，多吃蔬菜水果。而对于挑食厌食的孩子，父母则要培养孩子对食物的兴趣。

怎么做？

1. 想法子变换菜式吧！每天吃相同的东西的确会让人厌烦！你要通过让孩子吃各种不同颜色、口味、样式的菜，来挑起他的好奇，让他有品尝的欲望。千万不要一直给孩子吃单一的食品，就算那种食品有再多的营养，也不可能全面丰富。

2. 尽量让孩子少吃快餐，快餐基本上都是高糖、高盐、高脂肪的，而且含有食品添加剂，没有营养不说，还对孩子的身体发育有害。你可以利用孩子的爱美之心告诉他，多吃快餐会让他变成一个小胖

子，让孩子学会控制自己。

3. 最好用各种水果来代替糖果，孩子都不能抗拒甜食的魅力，但是甜食吃多了的确不好。另外，很多孩子不爱吃蔬菜，这时，你可以变换蔬菜的做法，争取做到新颖独特，孩子也许会在不知不觉中吃下去。

4. 一定要做到定时定餐定量，想让孩子形成良好的饮食习惯，这点必不可少。只有这样，才会减少孩子暴饮暴食的现象，也会让孩子养成少吃或不吃零食的习惯。同时，你要告诉孩子，合理饮食的好处和不健康饮食的危害，孩子越了解，你的工作就越轻松。

按时作息：
做一个有规律的人

很多 80 后都是夜猫子，他们喜欢夜的魅力与妖娆，在夜晚精力充沛，习惯于夜生活，经常过得日夜颠倒，作息时间更是混乱。这样，不仅打乱了正常的生物钟，影响身体健康，如果有孩子的话，也会对孩子造成影响。要知道，夜间是孩子分泌生长激素的高峰时间段，一旦睡不好，除影响发育外，也会改变孩子的情绪、胃口、精神状态等，严重时还会诱发其他疾病。特别是学龄前儿童，没有良好的作息时间，等到上学时，就很难去适应学校的作息时间。

不管你有多么前卫，多么热爱夜生活，为了孩子，你也要努力做一个有规律的人，按时作息，给孩子树立一个好的榜样，不能以"特殊情况"为由对孩子的生物钟进行干扰。要知道，养成良好的作息习惯很难，但要打破却很容易。

案例分析

泉泉是个精力旺盛的小家伙，每次父母让他去睡觉，他都会奋

力反抗，不是在一堆玩具旁边不愿意动，就是以看动画片为由拒绝去睡。对此，父母一点办法也没有，只要泉泉一哭，父母就会妥协。久而久之，他也知道该怎么对付父母，只要不想睡觉，谁来哄他都没用。

面对这种情况，父母需要坚持原则，不要理会孩子的借口和哭闹，一定要让他养成按时作息的好习惯。你的纵容只会让他成为一个作息混乱的人，不仅会影响他的正常生活，也会成为健康的隐患。

"泉泉，该睡觉了。"妈妈边看着电视连续剧边对在一旁玩玩具的儿子说。

"我不睡,妈妈也没有睡啊！"泉泉根本没有抬头，直接敷衍妈妈。

"乖宝宝，妈妈是大人，可以不睡，小孩子要按时睡觉。"妈妈说起道理来。

"我不，爸爸玩游戏，你看电视，凭什么让我睡觉！"

"不要一让你睡觉就找借口，赶紧去睡，你是不是又想挨揍啊！"妈妈火了。

"除非你们跟我一起睡，要不我睡不着。"泉泉抛出了条件。

"你都这么大了，还让大人陪你睡，丢不丢人啊？"

"你们不睡，屋里常有动静，我怎么睡得着啊！"泉泉也有理由。

电视剧到了，妈妈不再理会泉泉，又沉浸在故事的悲欢离合之中。等妈妈从电视里清醒过来，又过了一个小时。这时候，全家人才一起收拾一下去睡觉了。夜晚不睡，早上也起不来，泉泉在很小的时候就养成了睡懒觉的习惯，完全不按规则出牌。

泉泉没有养成良好的作息习惯，完全是因为父母没有做好榜样，他们不以身作则，以至于孩子反驳起来总有理由，根本无法管教。就算父母不能陪孩子一起睡觉，也应该哄孩子入睡，以保证孩子拥有良好的睡眠，只有这样，孩子才能够精力充沛地应对学习。

半个月的旅游时间,打破了小婉平时睡午觉的习惯,每次妈妈让她睡觉,她都会找借口。妈妈很担心小婉开学去幼儿园后,不能适应学校生活,所以迫不及待想让小婉养成睡午觉的习惯。

"小婉,该睡午觉了,来,和妈妈一起睡吧!"妈妈对抱着娃娃的女儿说。

"妈妈,我不困,我要给娃娃梳头发。"女儿把娃娃的头发散下来。

"来吧!宝贝,跟妈妈一起睡觉,要不天还没黑你就该困了。"妈妈温和地说。

"不,我不睡,娃娃也没有睡。"女儿依然拒绝。

"你要是睡了,娃娃就会睡的,要是不想让娃娃累着,那就赶紧躺下吧!"妈妈冲女儿眨了眨眼。

"真的吗?"女儿虽然不是很信,但还是躺下了。妈妈把娃娃放在女儿旁边,具有活动眼睛的娃娃一躺下眼睛就闭上了,妈妈指给女儿看并且说道:"你看娃娃都睡了,妈妈也要睡了,现在你可以睡了吧!"于是小婉乖乖地躺下了,不一会儿就进入了梦乡。

妈妈利用女儿对娃娃的喜爱,让女儿甘心陪着娃娃一起睡觉,而且自己也做出了榜样,所以女儿才会信服,最终乖乖地去睡觉,但是,如果没有这样的娃娃时,你要怎么哄孩子睡觉呢?每个孩子都喜欢游戏,父母们不妨用做游戏的方法试一下。

到了睡觉的时候,小婉依然不愿意睡,妈妈就对爸爸说:"让她玩吧!我们来做游戏怎么样?"爸爸故意装出一副很高兴的样子:"好啊好啊,我最喜欢做游戏了。"父母的谈话引起了小婉的注意,一听说要做游戏,小婉立即跑到妈妈身边说:"什么游戏?我也要玩。"妈妈装着不理睬她,接着对爸爸说:"我们玩数绵羊游戏,要数 500 个,谁先数完算谁赢,游戏规则是躺在床上闭着眼睛不许出声,数错了要重新开始哦!"妈妈刚说完,小婉立即躺在床上了,

然后说道："我会玩，我也要玩。"于是闭上了眼睛开始默数。这时候，妈妈和爸爸离开了房间，小婉就这样在游戏的愉悦中睡着了。

在培养孩子良好的作息习惯时，父母也应该参与进来，和孩子一起去做。在培养的过程中，父母一定要坚持原则，不要因为任何事情去破坏了，只要持之以恒，养成良好的作息习惯其实并不难。

反思

每个人的身体里都有一个生物钟，它会调节人体机能发挥最有效的作用。好的生物钟会给孩子带来良好的精神状态，而混乱的作息时间则像慢性杀手，不仅会夺取孩子的健康，也可能让孩子不能适应社会。习惯的养成不是一朝一夕的事情，作为父母你一定要有耐心，注重孩子生活中的细节。要知道休息好是身体好和学习好的前提，有益于孩子的身体健康和智力发展。同时你也要以身作则，保持或养成良好的作息习惯，让孩子受到正确的熏陶和感染。

怎么做?

1. 你必须是一个按时作息的人，就算是给孩子装装样子也行。不要让你的混乱成为孩子成长道路上的地雷，影响他的健康成长。

2. 不要轻易去打破惯性，否则，你会为自己的轻举妄动而后悔，失去惯性之后，你会变得异常混乱。想让孩子养成良好的作息习惯，就必须严格执行作息时间表，不要轻易改动。

3. 哪有父母不心疼孩子的，但是不能因为心疼就去纵容他，作息时间的养成是一个长期的过程,这期间可能会出现孩子反抗的事,你需要去坚持原则,不妥协,不退让,不要让孩子学会钻空子。

4. 除了按时睡觉和按时起床不能姑息外,对于孩子临时时间的安排,你要更多地考虑孩子的意见,多安排他喜欢的活动,让他能够自觉接受时间限定,而不是被动接受父母的安排。

用行动感悟孩子：
让孩子成为勤劳的小朋友

　　随着独生子女的增加，许多父母开始抱怨，说孩子娇气又懒惰，不爱干活，还总是振振有词，让他们很伤心。其实在抱怨孩子的时候你应该反省一下，自己对孩子进行过良好的劳动教育吗？有没有在孩子的生活中处处代劳？有没有给孩子树立坏榜样？

　　如果你把孩子的事都做好了，那他还需要去做什么呢？如果你是一个懒惰的父母，又如何能教出一个勤劳的小孩呢？勤劳是一种良好的习惯，需要父母的言传身教。只有重视了劳动教育，使孩子具有良好的劳动习惯，孩子才能够认识到劳动的重要性，从而变得热爱劳动，而且懂得尊重他人的劳动，珍惜劳动的果实。

案例分析

　　齐齐从幼儿园回来后告诉妈妈，今天老师教我们"自己的事自己做"了。夜晚吃饭时齐齐要去盛饭，不让妈妈帮他。齐齐从来没有盛过饭，勺子拿不好，盛完以后不知道拿碗去接，直接把勺子从锅里拿出来送到餐桌前的碗里，饭撒得到处都是。妈妈看到后一把抢过饭勺，冲着齐齐吼道："你就会瞎添乱，什么自己的事情自己做啊，你不会做不是在这儿捣蛋吗？！去去去，别在这里帮倒忙了。"齐齐看妈妈一副凶巴巴的样子，又看看地上撒下的饭粒，吓得赶紧跑开了。

孩子知道自己的事自己做，是一个多么大的进步啊！可妈妈却不能理解，认为儿子在捣乱，还把儿子训斥了一通，这种做法无疑打击了孩子的劳动积极性。孩子刚开始做一件事时，难免会出现错误，这时候父母不应该进行指责，然后夺去孩子做事的权利。正确的做法是鼓励孩子的劳动，如果孩子的动作不对，也可以给孩子做示范，告诉孩子应该注意什么，这样孩子不仅学会了劳动的技巧，也因为受到了父母的表扬而开始热爱劳动。

"老婆，给我拿双袜子来。"爸爸在房间里叫正在做早餐的妈妈，妈妈过去把袜子递给他。"老婆，给我倒杯水吧！"妈妈立即把水搁在爸爸面前。有一天晚上，一家人都在看电视，爸爸让妈妈拿一瓶可乐给他，妈妈照做之后齐齐说："妈妈，给我拿个苹果来。"其实苹果就在面前的茶几上，齐齐伸手就可以拿到。于是妈妈说："苹果就在你面前，自己拿。"然而齐齐反驳道："凭什么你帮爸爸拿东西，不帮我拿。"过了几天，妈妈炒菜时家里没盐了，让爸爸去买，爸爸说他要看新闻，让齐齐去买，齐齐也拒绝了："不，妈妈，爸爸不去，我也不去。"

爸爸的懒惰影响了齐齐，现在他不仅家里的活一点不干，自己的事情也做不好，变成了一个不折不扣的大懒虫。父母没有用自己的行动向孩子表明劳动的意义，不是阻拦孩子劳动，就是当一个懒惰的榜样，在这样的情况下，孩子如何能变得勤劳呢？

　　妈妈下班回来带了一提兜的菜，正在看电视的菲菲看到妈妈提着菜，赶紧跑过去把拖鞋递给妈妈，然后接住菜，并对妈妈说："我们今晚吃什么呀？"妈妈说："我们吃萝卜和青菜。"菲菲立即说："那我和你一起做怎么样？"妈妈笑道："好啊，你得先帮妈妈把菜都洗好。"菲菲把菜提到厨房去，回头对妈妈说道："没问题。"

　　也许你会想，别人的孩子怎么那么勤快呢，不用说就会主动帮助父母做家务。其实你也可以这样，只要在孩子提出要帮助你时，你不拒绝他，也不要因为他做得不好就责备他，那样他自然愿意做家务。

　　菲菲两岁多的一天，妈妈擦茶几时电话响了，于是放下手中的抹布去接电话，妈妈接完电话回来，发现菲菲正在一本正经地擦桌子，抓着抹布摩擦着茶几，动作幅度大得像是要把茶几碎尸万段一样。这时候，如果是你，也许会抢过菲菲手里的抹布，然后对她说："你还太小了，不会擦，让妈妈来吧！"如果真是这样，孩子也许会因为干活受到阻拦而下次不愿意再动手。

　　妈妈没有这么做，她在菲菲的小脸蛋上亲了一口，并对菲菲说道："宝贝真棒，这么小就知道帮妈妈干活了，真是个孝顺的好孩子。"孩子受到鼓舞自然擦得更起劲了，妈妈接着说："宝贝，如果你能把整个茶几都擦得跟这块那么干净就更好了。不用太使劲了，免得把宝宝累坏了。"于是，在妈妈的指导下，菲菲不仅知道帮大人干活是有孝心的表现，也知道了做事的技巧，渐渐就养成了从小爱劳动的好习惯。

　　父母对孩子进行劳动教育必不可少，如果你什么都给孩子代劳的话，他不仅会变得依赖你，也不懂得珍惜劳动成果，甚至会失去劳动能力。作为父母，你应该给他树立一个好的榜样，培养他劳动的兴趣，这样他才会打心眼里愿意干活，成为一个勤劳的孩子。

反 思

孩子在一岁半以后，就会表现出爱做事的现象。这时候，很多父母都会以孩子太小，不会做、做不好为由来帮孩子的忙，这样，就会导致孩子对父母产生依赖心理，等他能做的时候，就不愿意去做了。还有，如果父母过于懒惰的话，孩子也会受到影响变得越来越懒。

在面对勤劳的小孩时，你应该尊重他们干活的权利，不要责备他活干得不好给你们添乱了。同时，不要让你的懒惰影响孩子，你应该和孩子一起干活，用你的行动感悟孩子，把家务劳动当做一个幸福的游戏。

怎么做？

1. 我知道你能干，和孩子相比，你什么都会做，但你不能因此就剥夺孩子做事的权利，孩子需要在一次次碰壁中得以成长。你的拒绝，会让他失去做事的兴趣，变得越来越懒惰。

2. 你必须是一个勤劳的人，这样在教育孩子时才有说服力。不要自己不干活，还教育孩子干活，这样孩子不会从心里服你，说不定还会产生逆反心理。

3. 在做家务的时候，你可以把孩子叫到旁边看着，引导和培养他对家务的兴趣，也可以鼓励孩子去做，做错或做得不好时，不要指责，孩子做得不好，自己心里也有愧疚，如果你再进行指责的话，很可能导致他不愿再去触碰这些事情。

4. 对孩子爱劳动的表现给予表扬，让他知道劳动光荣，这样他在做事时会有一种荣誉感，这种荣誉感会鼓励他继续做事，从而养成爱劳动的好习惯。

第八章

80后爸妈的超前胆识：
偏要小鬼来"当家"

比起60后与70后，你更加懂得超前消费和超前享受，具有他人没有的超前胆识；和老一辈的父母不同，你也懂得尊重孩子，不仅给了孩子更多的自由，还常常跟孩子讲究平等，更加难能可贵的是，你给了孩子自主控制金钱的权利。

你一直鼓励孩子多想多做，甚至和孩子进行角色互换，让孩子体会当家长的威风。而且你也宽容地允许孩子多犯错误，认为错误是孩子成长过程中最好的老师，甚至狂妄地说："如果孩子在18岁之前经历了许多的事情，犯了不少的错误，那在他以后的人生中，将不会出现犯错这一现象。"虽然说得很绝对，但在让孩子当家这件事上，你很有魄力。

民主的小家庭：
让孩子了解家里的经济

社会发展到今天，国家已经基本实现了民主，可很多家庭的孩子却没能体会到民主。你一定不会否认孩子是家里的一员，但在家庭生活中，你却常常忘了孩子的存在，除了给孩子物质享受之外，你从来没有想过让孩子了解家里的经济情况；家里遇到什么事情，你也不会去询问孩子的意见，还自以为是地以为孩子什么都不懂。

如何让孩子也体会到民主呢？这需要父母尊重孩子，让孩子参与到家里的日常事务中来，特别是让孩子了解家里的经济状况，让孩子明白金钱来之不易。这样做的好处有很多，首先，他会乐意接受父母对他的金钱限制；其次，他不会随便乱要东西；最重要的是，他可以通过了解家里的经济情况去体谅父母。

案例分析

常新夫妻是一对普通的工人，家里经济情况一般，但他们想让女儿受到最好的教育，成为一个高贵典雅的人。所以从幼儿园开始，

他们就在女儿身上进行大量投资，给女儿最好的物质享受，还让女儿上贵族学校，希望通过这种方式让女儿变得高贵。

如今十岁的女儿花钱大手大脚，他们并没有因此让女儿收敛，还尽量瞒着家里的经济情况，甚至对女儿说："乖女儿，在学校要好好读书，需要什么跟爸妈说，咱不怕花钱。"因此女儿一直觉得家里经济很宽裕，看到同学们有什么，就回家向父母要。父母觉得不能亏待女儿，对女儿的要求也都最大限度地满足。

父母这样不顾家里的经济状况，无条件满足女儿的物质欲望，很难让女儿变得高贵典雅，却很容易让女儿被物欲的洪流淹没。

金融危机的时候，常新因工厂的效益不好下岗了，家里断了一大半的经济来源。即使面对这样的境况，他们也没有对女儿提过半句，女儿不知道家里的经济情况，自然和往常一样，随意向父母要东西。现在家里没有那么多钱可供女儿花费了，父母就一再推脱给她买东西的时间，这让女儿十分反感，觉得爸爸妈妈在敷衍她。

贵族学校的孩子们出手都很阔绰，女儿也不例外。朋友生日时她回家跟父母说："我朋友过两天生日，正好她的MP3坏了，我准备送她一个新的。你们给我点钱吧！"一个MP3要好几百块钱，父母自然舍不得给她买，于是对女儿说："咱不送MP3好不好？送笔记本吧！还可以写个日记什么的。"女儿道："现在谁稀罕笔记本啊？买笔记本电脑还差不多！"可家里的确没钱让女儿浪费了，常新不得不拒绝女儿的要求。为此，女儿好几天没理他们，还把自己的MP3送给了朋友。

家里都成这副光景了，常新夫妇还不跟女儿说，导致女儿误解他们，真是大错特错了。其实，他们完全可以在女儿向他们提要求时告诉女儿家里的经济状况，这样，估计就不会出现女儿把自己的东西送给朋友，还不理父母的现象了。一个真正民主的家庭，就是要让孩子参与到家庭中来，让孩子了解家里的情况，发表自己的观点，这样不仅有助于父母与孩子的沟通，也有助于让孩子体谅父母。

暑假刚到，八岁的由由就嚷着让父母带他出去旅游，他的理由是出门可以增长见识，如果去的地方山清水秀，还可以住上一段时间避暑！目前，他还不清楚出去旅游需要一大笔花费。

爸爸对他说："宝贝，你的建议很好，我和你妈妈也特别想去旅游，可是，过几天我们家要装修，如果去旅游了，就没有钱装修。你不是说了吗？想改变一下自己的房间，还想买一个新的书桌和床。"爸爸开始跟由由讲家里的经济情况。由由犹豫了，又想装修又想旅游，这可怎么办呢？

"爸爸，要不我暂时不要床了，原来的那个还可以睡。这样总可以了吧？"由由跟爸爸商量着。

"哦，这样啊！一张床八百块钱，够我们一家三口的车费，可是旅游不是光有车费就行的，其他的开支还是没有啊！"爸爸满脸愁容。聪明的爸爸给儿子算了一笔账，让儿子意识到金钱的价值。

"对了，爸爸，我过年时的压岁钱不是还没用吗？有好几百呢，妈妈帮我存起来了，现在我们可以拿出来用嘛！我真的很想去旅游。"儿子连压岁钱都想到了。

"好吧！加上你的八百元压岁钱，应该可以出去了，你想去什么地方呢？"爸爸问道。

"嗯，夏天当然要去能避暑的地方了，爸爸，我们地理老师说北方要凉快些，要不我们去长白山吧！"儿子连去什么地方都想好了。

"好吧！听你的。不过一千多块钱去长白山可不够，要不咱家的电视暂时也不换了，怎么样？虽然小了点，还可以看。"连换电视这样的事，爸爸也和由由商量。

"没问题，那我们快去跟妈妈说吧！"由由兴奋地告诉妈妈他和爸爸的决定，妈妈也欣然同意了，于是，一家三口乘着家里装修的那段时间，跑出去玩了一趟。

这真是民主的一家，父母可以告诉孩子任何事情，在遇到困难时，孩子也可以想办法为父母排忧解难。其实就算最后他们没有出去旅游，由由也一定能够体谅父母，因为家里的经济条件在那摆着，由由心知肚明。

反 思

孩子是家庭未来的主人，让他从小就学会理财，对他只有好处没有坏处。也许你会说孩子过早地接触金钱就会失去童真，变得满身铜臭。你不必担心孩子过早的知道家里的经济状况会有自卑的或自傲的情绪，其实，只要父母能够做到不卑不亢，孩子是不会受到金钱影响的。想让孩子理解你，体谅你，就得给他一个理由，如果你对他隐瞒家里的一切，那他用什么去体谅你呢！当他明白金钱来之不易时，他才不会轻易问父母要东西，也不会随便乱花钱。

怎么做?

1. 千万不要打肿脸充胖子，你必须真实地告诉孩子家里的经济状况。只有了解家里经济情况，孩子才可能为家庭着想。

2. 你对金钱的看法会对孩子造成影响，因此，不要做一个拜金主义者，不要给孩子金钱是万能的错觉，否则孩子很可能会对金钱产生盲目的崇拜。

3. 让孩子参与到家里的经济活动中来，让他亲身经历花钱的过程，只有这样，他才会更加懂得金钱的作用，也会更加了解家里的经济状况。

4. 让孩子明白金钱来之不易，你可以跟他说你辛勤工作一天的报酬，然后跟他说一个玩具的价钱，对比一下，让他理解你不满足他无理要求的原因。

人小鬼大：
小鬼也能来当家

　　每年寒暑假，都是各位父母最操心的时候，的确，离开学校的孩子就像是出笼的小鸟一样，没有了束缚。窜东窜西的他们，常常惹出很多问题，让父母们措手不及。于是，父母们想出各种办法不让孩子单独在家，不是给孩子报夏令营就是报补习班，千方百计把孩子拴住，其实，这并不是最好的办法。想让孩子远离危险和伤害，父母必须培养他的独立意识和安全意识，让他能够当家做主人。

　　孩子都是鬼精灵，他们人小鬼大主意多，只要你能给他们当家的机会，他们一定不会让你失望。但父母也要注意，在给孩子这个权利之前，你们要让孩子学会自我保护，比如让他们知道安全用电、预防火灾、远离深水等常识，让孩子能够避免危险。同时，父母也可以给孩子来个角色互换，让孩子在你的监督之下去当个家长。

案例分析

　　"小莱，你洗手了吗？"妈妈问正在拿碗的儿子。"洗了！洗了！

你每次都要问，烦不烦啊！"小莱不耐烦地说。

"小莱，把电视关了，该睡觉了。"爸爸又开始说。"不是还没到9点吗？让我再看一会儿吧！"小莱央求道。"不行，你还没有洗漱呢！"说着抢过遥控器关了电视。小莱只得离开客厅，向卫生间走去。

"不准出去，作业没写完你想往哪儿跑？"周末，妈妈一把抓住想往外溜的儿子。"真讨厌，明天不是还有一天时间写嘛！我和同学约好了要去打球的……"儿子还想挣脱。

在小莱家里，每天都要上演这样的戏码。孩子和父母不能达到一致，孩子嫌父母烦，父母觉得孩子不听话。80后的父母，遇到这种情况，你该如何是好呢？

与孩子多次斗智斗勇以后，父母觉得这样下去不是办法。吵架时小莱甚至说如果父母不唠叨他，他没准能做好。父母商量后决定不再管他，让他爱干什么干什么，看看他多有能耐。

周六早上，父母没有叫他，一早吃过饭就出去玩了。小莱睡到10点才起床，发现父母不见了，只留了一张纸条："儿子，我和你妈今天出去过二人世界了，你自由了！"小莱兴奋地跳了起来："太好了，今天一天都不用听他们的唠叨！"于是他打开电视机，从冰箱里拿出薯片和可乐，享受着一个人的自由。他心里美滋滋的，决定一天的时间都要用来看电视。就这样，小莱坐在电视机前看了一天的电视，周围满是他制造出来的食品垃圾。父母回来以后，看到他这个样子，后悔不已，觉得不应该给他全部的自由，没人管教的孩子，更是成不了气候。

很多父母都会犯这样的错误，要么死死地管住孩子，让孩子失去自由；要么完全放纵，让孩子没有节制。其实，真正的方法是放手让孩子去做，但是要给孩子树立一个目标或是给他一个限制，很多时候，孩子都没有自控能力，让他完全获得自由只会让他更加无

法无天，而且没有限制和目标，他也不知道如何去当家。

事到如今，小莱父母发现完全放纵，给孩子全部的自由也不是办法。他们想了想，孩子平时虽然调皮，但也不至于没有节制。准备利用孩子的责任意识，给他下达一个当家的任务，而不是完全给他自由，让他为所欲为。

协商之后他们跟孩子说："儿子，今天是不是玩得不过瘾啊？你不是常说我们的管教让你很烦是吧，那明天我们当孩子，你来当父母怎么样？让你也尝尝管教别人的滋味，当然，既然要做父母，就要负起做父母的责任。"孩子欣然同意。不同的是，他开始思考如何才能做好家长，而不是什么都不想，坐在电视前虚度一天的光阴。

小莱特意定了闹钟，第二天一大早就起床了，还去叫父母起床锻炼，完全像个小当家。并且主动承担了买早餐的任务："今天我去买早餐，给我点钱吧！"爸爸说："现在你是家长，你要负责家里的饮食起居，我怎么会有钱呢？昨天妈妈不是把这个星期的零花钱给你了吗？你可以用那个。"小莱虽然很不情愿，但自己是家长，不能让家人饿着，于是拿零花钱去买了早餐。饭后，小莱还主动去写作业，监督父母做他们自己的事，全家人都在安静的环境中各干各的。小莱不仅不用父母去提醒就知道应该做什么，还知道提醒父母去洗手、午休等。一切都做得相当自然。夜晚时父母表扬了小莱，并把零花钱还给他了，通过这一天的家长体验，孩子不仅明白了做父母的难处，而且还对父母表示，以后一定做个懂事的孩子，不让父母操心了。

也许你会想，为什么两天都是让孩子当家，效果却那么悬殊呢？其实很简单，第一天，父母的做法是在放纵孩子，孩子并不能真正体会当家的艰难；第二天，父母表面上给孩子做主的机会，其实是利用孩子的责任心，让他明白父母的不易。因此，当你给孩子当家的机会时，一定要注意分寸和方法。只有用对了方法，你才会发现，小鬼也能来当家；否则，你只会看到一个把家弄得乱七八糟的没有头绪的孩子。

反 思

你从来不怀疑孩子的聪明和胆识，但孩子做出的事却常常让你头疼。你发现他的邪思念总是多过真聪明，而且，他一直致力于和父母打游击、吵架斗嘴，并乐此不疲。你感叹到，孩子真是"人小鬼大"，可就是用不对地方。其实，不是孩子不会运用他们的智慧，只是你没有给他们展现自己的舞台。如果你能把握孩子的聪明机灵，将会发现一个不一样的他，不仅会精打细算，而且会当家作主。

怎么做？

1. 一个家庭的主人不是说当就可以当的，首先，你必须让孩子学会做事，自己的事自己做之后，他才可能当个小家，为父母出谋划策，做一下主人。

2. 如何判定孩子可以当家呢？当然是试着让他当一次家，给他机会，他才能展现能力啊！光说不练假把式，当家也是那么回事，孩子自己当家之后，他也会明白当家的难处。知道体谅父母，不故意和父母作对。

3. 如果你不想让孩子当家时尽给你添乱，就要给他定个目标让他去完成，不要漫无目的地给他自由。比如家人一起大扫除，让孩

子当家长，给父母分配任务。

4. 安全知识必不可少哦，让孩子当家的目的就是让他能够独自生活，当父母不在身边时他不至于不知所措。所以，你必须让他具备独自生活的能力。在遇到安全问题时，他应该知道如何去应对，而不是因为茫然而受到伤害。比如让他学会安全用电、用水、用火、用气等，同时，父母也要告诉孩子必要的交通知识，让孩子在单独出行时能够避免交通意外。

从小事着手：
让孩子学会节约

你会捡起路边的一个矿泉水瓶吗？你会把家里的一些废品卖到废品站吗？也许你会说，我工作那么忙，哪里有时间去做这些琐事？好吧！就算你不会去捡垃圾，但节约你总会吧！节能减排是社会发展的大方向，低碳生活是一种绿色的生活方式，也是一种生活态度。如果想让孩子未来的生活更加美好，你必须让他学会节约。最好的方法就是从生活中的小事做起，让孩子了解节约的好处，比如节约用水、节约用电、不浪费粮食、对废物进行再利用、认真处理垃圾等。同时你也要让孩子明白，铺张浪费是一种可耻的行为。

案例分析

潘辉家经济条件很好，但他对节约的认识不够，花钱不仅大手大脚，还喜欢铺张浪费，在儿子面前也没有节制，让儿子小小年纪就养成了浪费的恶习。

上幼儿园时，儿子听老师说喝完的塑料瓶可以换钱，回家以后

就在垃圾桶里翻，翻出来后煞有其事地对爸爸说："老师说了，这些瓶子可以卖钱，以后不要放在垃圾桶里了，知道吗？"潘辉一听儿子想用垃圾桶里的塑料瓶换钱，就笑着对儿子说道："这些瓶子值几个钱，值得你这么费劲去找吗？你看垃圾桶脏兮兮的，把你的衣服都弄脏了，以后不要捡了。"儿子不服气地说："这些明明就可以卖钱啊！而且老师说捡垃圾是一种节约的行为，为什么不捡呢？"爸爸回答道："儿子，咱家不缺钱，不用你去节约这点东西，知道吗？！"儿子半信半疑地看着爸爸，不再说话了。

潘辉这样教育孩子，当然不对了，儿子有节约意识，而且知道去翻垃圾，多么难能可贵啊！爸爸竟然不去表扬儿子，反而阻止儿子的节约行为，这样只会让儿子变得和他一样铺张浪费。

盛饭时，儿子总喜欢把碗尖堆满，但又吃不完，最后都倒掉了，十分可惜。可潘辉对此却不管不问，认为小孩子吃饭没谱很正常，浪费一点粮食没什么大不了的，只要孩子吃饱就行。有一次，儿子拿着一个大苹果啃，刚吃了两口不小心掉到地上了，他捡起苹果就往垃圾桶里扔，奶奶看到之后制止了他，告诉他洗洗还能吃，儿子根本不听，还冲着奶奶喊："掉在地上多脏啊！我才不吃呢！"奶奶把苹果捡起来洗洗吃了，他还嫌奶奶脏。

看来，儿子已经尽得潘辉真传了，把铺张浪费演绎得淋漓尽致。这样下去，就算潘辉的家底再深厚，也不够孩子浪费的。一个铺张浪费不懂节约的人，也会遭人唾弃和鄙视。

多多喜欢玩水，每次妈妈给她洗澡她就兴奋得直跳，可是妈妈一旦把她从浴池里抱出来，她就大哭大闹。为了和水有亲密接触，多多经常给鱼缸里的鱼换水。有一次，她拿着小杯子把鱼缸里的水一点点舀出来，然后又从水管里接水放回鱼缸，反反复复很多次。

妈妈看她一直在浪费水,开始引导她:"多多,你说水有什么用呢?"多多想了想说:"水的用处很多,可以喝、可以洗澡,还可以养小鱼。"妈妈接着说:"多多真聪明,知道水有这么多用处,那你知不知道,如果你一直在玩水,那水就白白浪费掉了,没有喝的,也不能洗澡了,连小鱼都会因为没水而死掉。"多多狡辩道:"我没有玩水,我在给小鱼换水呢!"妈妈指着鱼缸说道:"你看,鱼缸里的水已经满了,不需要再加水了,你做得很棒,小鱼会感谢你的。现在,我们可以关掉水管了吧!"

妈妈没有鲁莽地直接要求女儿停止玩水,而是通过讲道理的方式,让女儿明白节约用水的好处,只有这样,女儿才能知道节约用水。

在看电视时,妈妈也不忘教育女儿节约。西南发生旱情时,地全部开裂,人们没有水喝,妈妈就对女儿说:"多多,你看那儿的人多可怜啊!如果我们大家都浪费水的话,以后也会没有水喝,像他们一样可怜。"女儿看到那些缺水的景象之后,自然更加明白节约的重要性,而且产生了节约意识,同时还知道提醒父母节约。有一天,爸爸在家里拖地,洗拖把时水龙头开得有些大,女儿就跑来跟爸爸说:"把水龙头开小一点,不要浪费水。"

当孩子本身没有节约意识时,父母就需要对他进行指导。当孩子出现节约行为时,父母要给予鼓励和表扬,如果孩子有浪费的现象,父母也应该多加制止,并告诉孩子浪费的危害。

反思

在自然资源日益短缺的今天,节约是每个人都应尽的义务。不要以家大业大为由进行浪费,要知道,浪费必然会使资源枯竭,最

后人类也会失去共同生存的家园。孩子作为未来社会的主人，必须明白节约的重要性，否则他将可能被社会淘汰。80后是节能减排，低碳生活的推崇者，更要从小就培养孩子的节约意识，这样孩子的生活才能没有后顾之忧。

怎么做？

1. 教育孩子节约，你也必须有节约的行为，如果你一边浪费，一边让孩子节约，那孩子必然学不会节约。

2. 鼓励孩子的节约行为，支持孩子的节约行动。小孩子没有形成自己的价值观，做事情很可能不知对错，他做得好了，需要父母给予肯定，做得不好，父母也要指出批评。而且，父母的鼓励与支持会是孩子行动的动力，天长日久，他自然就学会了节约。

3. 节约是一种习惯，它的养成需要时间，它的保持需要坚持，不是说你今天节约了一滴水，明天就可以浪费一度电，生活中的每一件事情都可以去节约，你需要带着孩子时时注意和坚持。

4. 当孩子明白金钱来之不易，就会觉得浪费可耻，你必须让孩子明白这一点。还有，你可以给孩子讲一些低碳、环保、节约等理念，让孩子在理论上完全明白节约的好处。

杜绝攀比之风：
让孩子树立正确的价值观

　　孩子成长到一定的年龄段之后，非常渴望得到别人的认同，这时候，他会变得很有表现欲，希望在任何一点上都不输给别人，希望得到同伴们的追捧和称赞，因此经常与人比较。这些本来是孩子成长过程中很正常的现象，可如果孩子沉迷于物质上的比较，不知道把握适当的度，就形成了攀比，而攀比的出现，则会滋长孩子的虚荣心，对孩子的成长产生不良的影响。

　　当孩子出现攀比苗头时，父母应该出马，为孩子树立一个正确的价值观，让孩子能够自觉杜绝攀比。想要让孩子根除攀比，没有什么比调整心态更重要了，你要告诉孩子"比上不足，比下有余"的道理，同时，把孩子的攀比引向正确的道路上来，让孩子在学习、品行和技能上和同学们一比高下，而不是沉迷于物质上的攀比。

案例分析

　　"我们单位的小李这个月换了一辆跑车，实在是太帅了！""我

们同事小张前几天买了一个 LV 的包包，可把我们羡慕死了。"在小溪家里，总会听到这样的话。父母把生活中的一些攀比现象带到家里来，实在太不应该了，他们的行为其实就是攀比，有这样的父母，孩子如何学不会攀比呢？

父母还经常强迫小溪进这个学习班那个训练班，理由也荒唐可笑，竟然是我们单位谁谁的孩子去上了，听说还能学到东西，你不去怎么行呢！小溪考试成绩稍不理想，父母对她也是大加指责，说她不争气，让父母丢脸了，人家谁谁的孩子考得多好，还得了什么奖品。可以说，女儿从小就生活在这种攀比的氛围之中。

父母用攀比的眼光去看待女儿的成长，其实是不对的。他们自己不仅陷入了攀比的泥沼，还在拼命拉女儿下水，让女儿一直不能清晰地认识攀比，不知道如何正确地与人比较，从而热衷于物质攀比。

班里很多同学都买了学习电脑，小溪也想要一个，可前不久父母才给她买了好记星，她根本不需要另外的学习辅助工具了，但不需要并不等于不想要，同学们都有，小溪怎么甘心落于人后呢，于是回家跟父母说："我想要一台学习电脑，我们班同学都有，他们说很好用，比好记星强多了。"父母听后非常生气，就对小溪说："人家有什么你就要什么，人家学习好你学习怎么不好啊？"小溪也不示弱："你们不给我买学习电脑，我当然学习不好了，人家都有，就是我没有，多没面子啊！"当父母坚持不给她买时，她竟然不去上学了，而且对父母说："没有学习电脑，我没有脸去学校，我不上了。"

孩子把攀比看得如此重要，父母应该反省一下，如果不是你们经常把攀比挂在嘴边，也许她就不会受到这么严重的影响。孩子的世界应该是纯洁的，不应该受到攀比这些不良风气的影响。作为父母，你应该帮助孩子树立正确的价值观，而不是经常把孩子带到攀比的氛围中去，让孩子变得爱慕虚荣。

　　路路和一帮小男孩打球，一个男孩突然问道："路路，你穿什么牌子的鞋啊？"路路一脸迷茫："不知道呀！每次都是妈妈给我买鞋，我没有注意过。"这时候几个小男孩都跑来看他的鞋，并且说道："没听说这个牌子呀！"说着大家都笑了起来。路路觉得很尴尬，但还是硬着头皮说道："你们穿的牌子我也没听过！"孩子们竟然异口同声地说："我们穿的都是名牌运动鞋，你没听过只能说明你孤陋寡闻。"甚至还有同学说"回去让你妈给你买双名牌的鞋再和我们打球，别在这里丢人了。"路路非常生气，觉得妈妈让他丢人了，回家后把鞋子一扔就对妈妈说："我不要这双鞋了。"妈妈疑惑地问道："这鞋不是好好的吗？为什么不要了？"路路生气地嚷嚷："我不管，反正我不要这双鞋了，你给我买双名牌的吧！"儿子虽然无理取闹，但妈妈还是沉住气问："要换鞋，你总得给妈妈一个理由吧？"路路委屈地说道："都怪你，给我买的鞋不是名牌，弄得和我一起打球的哥们儿都嘲笑我。"听了儿子的话，妈妈恍然大悟，原来儿子受到攀比风气的影响。

　　遇到这种情况，你一定不要对孩子大发雷霆，但也不要轻易满足他的要求，你必须让他明白，过度追求物质和品牌是不好的。引导孩子树立正确的价值观，告诉他，东西不一定是名牌才好，也不是越多越好，只有他明白这一点，才不会去盲目攀比。

　　妈妈对路路说："儿子，妈妈可以给你买名牌运动鞋，但你要知道，妈妈给你买鞋的原因不是因为它的牌子，而是看重它的质量。你打球打得好，也不是因为穿了名牌运动鞋，而是因为你有实力，明白吗？"路路回答道："话虽这么说，可如果不穿名牌，他们就会看不起我。"妈妈接着说："他们看不起你，是因为他们受到了攀比

风气的影响，追求名牌效应。其实这是不好的，乖儿子，你才不会去学他们呢？对吧！"听了妈妈的话，路路说道："其实那双鞋穿起来很舒服，我还穿着它打赢了一场比赛，如果不是因为他们嘲笑我，我也不会想着不要它。"妈妈笑着说："他们可能是看你打球好故意这么说的吧！下次遇到他们，你可以跟他们说，有本事跟我比球技啊？比鞋子算什么本事！"说完，母子俩同时哈哈大笑。

孩子突然出现攀比心理，肯定有一定的原因，作为父母，千万不要一味地打压或是满足，你需要了解孩子出现这种心理的原因，然后根据情况对孩子进行正确的引导。

反 思

孩子喜欢跟人比较，其实无可厚非，只是在进行比较时，要把握好尺度，不要让孩子陷入攀比的泥沼。当孩子出现攀比行为时，你一定要引导他树立正确的价值观，作为父母，你更不能受到社会不良风气的影响。当然，攀比也不是一无是处，但切记不能盲目攀比，帮孩子把握好尺度。你可以引导孩子在学习方面力争上游，而不是沉迷于物质。把孩子攀比的心转移为学习的动力，才是正确的方法。

怎么做？

1. 你要学会倾听孩子的心声，弄清楚他在攀比背后隐藏的复杂情感。只有了解了这些，你才能够对症下药，纠正孩子的攀比行为。

2. 当孩子出现攀比心理时，你可以把他的攀比心往积极正面的方向引，例如学习上、品德上。如果做到了，不仅有利于孩子形成良好的品德，也有利于孩子学习成绩的提高。但也要注意，不能让孩子过分在意输赢，别给孩子太大的压力。

3. 你千万不能有攀比之心，就算有，也不能在孩子面前表现出来。否则你就无法教育孩子，他会因为你的影响，变得十分看重攀比。

4. 不要给孩子太好的物质享受，否则他会利用你的给予去向没有的人炫耀，从而滋长他的虚荣心。当你不能满足他的要求时，他就会不满，甚至会憎恨你。

做自己的主人：
小鬼其实很强大

孩子出生时，生理和心理都不成熟，必须依靠父母的悉心照料才能存活。但当孩子渐渐会爬会走时，他们就会希望摆脱父母的束缚，做自己的主人。这不仅是孩子内心对长大和独立的一种渴望，也是所有生物自然发展的内在规律。

当孩子可以"独当一面"时，作为父母，你会真的放手让孩子做自己的主人吗？我想，你一定不会放心地让孩子独立，你担心孩子会出错、会受伤害，但孩子的成长和独立是不可避免的趋势和规律，父母不应该阻挠和破坏这些，正确的做法是相信孩子，适当地放手，只有这样，孩子才能成长得更加完美，而且，没有你多余的庇护，小鬼也会更加强大。

案例分析

小宇特别爱吃饼干，每次去超市都吵着让爸爸给他买几盒，而且一吃饼干就不好好吃饭，这可愁坏了爸爸。

"小宇，爸爸给你商量个事吧？你以后能不能每天少吃点饼干，把剩下的饼干留到肚子饿时再吃，不把饼干当成饭？"爸爸把小宇叫到身边问。

"那可不行，要吃就得吃得心满意足！"小宇一副若无其事的样子。

"爸爸觉得一次吃多了不好，不仅容易把肚子吃坏，还会让你吃不下其他好吃的。爸爸每天就给你 10 片，吃完了就不许再要了怎么样？"爸爸接着和小宇商量。

"10 片太少了吧？我争取少吃点，但 10 片肯定不够。"小宇有些不满。

"那我们钩钩手做个约定好吗？爸爸一次性给你一个礼拜的饼干，放到茶几的盒子里，你要是提前吃完了，不许再和爸爸要，行吗？"爸爸伸出小拇指要和小宇拉钩。

爸爸给儿子下定一个目标，让儿子自己去做主，这样孩子比较容易接受，也能让他学会控制自己，做自己的主人。

小宇眼睛一转，想了想，和爸爸达成了"协议"。

爸爸认为小宇肯定克制不住，两三天就会把饼干吃完了，然后吵着嚷着再要。可一礼拜过去了，事情并不是爸爸想象得那样。

趁着小宇不在，爸爸打开了饼干盒子，饼干不仅没有吃完，好像还被分成了若干等份。盒子的底部还有小宇歪歪扭扭的字"今天——5 片，明天——5 片……"爸爸感到非常吃惊，本以为孩子会把事情搞得一团糟，没想到小家伙这么有分寸，还细心地写了小卡片提醒自己。

孩子不能很好地独立，多半是父母不愿意放手让孩子独自面对和处理问题，其实，你不妨试着从一点小事做起，让孩子做自己的主人。让孩子用自己的思想去指导行为，成为一个精神独立的人。

平日里，莹莹的父母总是替女儿把大小事情打理好，所以莹莹很少有"一展身手"的机会。

一天，莹莹突发奇想：如果把书架和电脑桌换下位置，会不会让屋里的空间显得大一点？

"妈妈，要是把书架和电脑桌换下位置，屋里的空间说不定会大很多！"莹莹和妈妈商量起来。

"那些都是我和你爸爸找人设计的，不用换了。"妈妈一口回绝了莹莹。

"可是那样也许能让屋子大很多，而且看起来会更整齐！"莹莹坚持自己的想法。

尽管莹莹一再坚持，妈妈最终也没有答应他的要求。

到了一定的年龄，父母就应该教孩子学会"自我做主"，该他们做的事情必须让他们做。当孩子能够"独当一面"时，家长不应该因为"不放心""孩子真的能行吗"等原因，禁锢孩子的想法。你的反对要么让孩子变得没有主见，要么让他对你产生反感。

"这是我的房间，我应该自己做主，自己布置！"莹莹很不满意妈妈的态度。

"你是学生，主要任务就是学习，不懂设计，瞎掺和什么！这种事情我和你爸拿主意就行了，哪轮到你做主啊！"妈妈严厉地说。

"做个有主见的人"是每个孩子都应该具备的能力，孩子有自己的想法很正常，只要不是错误的决定，父母不应该强加干涉。其实，只要你能把事情交给孩子，让孩子做自己的主人，你会发现小鬼其实很强大。

反 思

孩子有时产生逆反心理,正是由于父母管得太严太死,让孩子喘不过气来。其实,只要父母可以放开孩子,给孩子一个宽松自在的环境,让孩子逐渐独立起来,拥有自己的思想,可以独自处理一些事情,孩子一定可以做好自己的主人。父母的爱会贯穿孩子生命的始终,但不代表父母的爱要掩盖孩子的独立,越爱孩子,就越应该让孩子独立起来。孩子不是傀儡,他是一个独立存在的人,有独立的思想和灵魂。

怎么做?

1. 首先,孩子必须学会自理,这是他做主人的前提。你可以试着让他收拾房间、洗自己的衣服、学做家务等等,只有学会了这些,孩子才能主宰自己的命运和生活。

2. 自己做主,就是有自我选择的权利,你不能因为害怕孩子选择错误就阻止他去选择,他必须在选择中成长成熟。

3. 你应该鼓励孩子去面对困难,让他在困难中锻炼意志。让他在困难面前树立起勇气和信心,在实战中培养自立能力,只有这样,你才能够放心让他做自己的主人。

4. 尊重孩子的决定,不事事替孩子做主,让孩子学会做主。在孩子做主之前,你可以说说自己的意见,也可以和孩子商量对策。但当孩子已经决定之后,你应该对他的决定表示尊重,而不是要求他按照你的思路来。

第九章

80 后爸妈的感性折射：
懂感情的孩子才有真灵魂

如果说强健的身躯是孩子革命的本钱，那充盈的情感则是孩子灵魂的润滑剂。孩子既有健康的体魄又有美好的灵魂，才能够在未来的生活中如鱼得水。因而，父母应该对孩子进行情商的培养，让孩子能够真正懂得感情。

作为中国第一代独生子女，很多80后都有感情淡漠的情况，然而，孩子的全面发展却离不开丰富的情感。所以，你必须克服情感冷漠的现象，用你的感性去影响孩子，让孩子学会珍惜感情。亲情、友情、爱情是孩子成长的每一步都不能缺少的情感，孩子只有真正懂得驾驭这些情感，他们的人生之路才能更加绚丽多彩！

百善孝为先：
让孩子从小谨记

"孝"是中华传统文化提倡的行为之一，"百善孝为先"更是体现了中华民族历来对"孝"的极大重视。同时，它也是人们心中对孩子言行考察的第一标准，如果一个人连孝敬父母都无法做到，很难想象他会有多大的成就。

"孝"作为起码的行为规范，是每个人都必须遵守的。让孩子从小就懂得孝顺父母，体贴父母，是每个家长都必须做的事情。这不光是孩子的教育问题，也关系到各位家长老年的生活质量哦!

案例分析

郭妍是个孝顺的儿媳妇，结婚以后，她每天都会烧好水给婆婆烫脚。

临睡前，郭妍依旧备好热水来到婆婆房里，安排老人在床上坐下后细致地为老人洗脚。一边洗，一边还和老人讲小孙子的情况以及生活上的七零八碎。

四岁的儿子在房间里待得没意思，打算去找妈妈。来到妈妈的房间，发现妈妈不在。儿子猜想妈妈一定在奶奶的房间。推开奶奶的房门，看见妈妈正在给奶奶洗脚。

等妈妈出门倒洗脚水时儿子问道："妈妈，你为什么每天都给奶奶洗脚啊？奶奶都是大人了，完全可以自己洗呀！"

"奶奶当然可以自己洗，但是奶奶年纪大了，行动起来很不方便。妈妈还年轻，有能力和责任照顾奶奶，难道你忘记了妈妈给你讲的'尊老爱幼孝敬父母'的故事了？"妈妈摸着儿子的头说。

"那我也要给妈妈洗脚，妈妈每天这么辛苦地照顾我，我也应该'孝顺'妈妈，还要给妈妈讲故事，让妈妈开心！"说完转身向水房跑去。

过了一会儿，儿子端着盆踉跄地向妈妈走来，盆里的水来回晃荡着，打湿了儿子的上衣。郭妍赶紧接过孩子手中的盆，放到地上，把孩子紧紧地抱在怀里，感动得泪流满面。

无论是老师还是家长，都会给孩子灌输孝敬父母的理念，但年幼的孩子未必能真切体会其中的滋味，可父母的言行举止他们却会看在眼里，记在心里。因此，要培养孩子的孝心，家长们应该以身作则，用自己的行为去感染孩子。

小新是个淘气的孩子，平日里没少让父母操心，可父母对他依然宠爱有加，从来不批评他，也没有要求孩子体谅他们。

妈妈生病住院了。周末时，爸爸决定带小新去医院看妈妈。

"小新，妈妈生病了，今天刚好有时间，咱们去看看她吧？"爸爸和小新商量。

"我才不要去呢，我不喜欢医院的味道，也不喜欢那些拿着大针的阿姨们！"小新心不在焉地说。

"爸爸也不喜欢医院，可妈妈生病了，她需要我们在她身边照顾她。"爸爸试图说服小新。

"照顾？我年纪这么小，连自己都照顾不好怎么照顾妈妈呀？况且我又不是医生，去了也不能替妈妈治病。"小新还是坚持不去医院。

"你这孩子怎么这么倔呢？平时爸妈那么爱你，这会儿需要你了，你就请不动了！"爸爸尽量压住火。

"反正我不去，你们是我的父母，爱我是应该的。我去了医院也帮不上什么忙，爸爸你还是自己去吧！"小新说完就跑出去了。

这就是父母溺爱孩子的结果，孩子完全不懂爱的真谛，以为父母爱他是应该的，他没有爱父母的义务，所以根本没有孝心。其实，父母完全可以在平时的生活中向孩子灌输尊老爱幼的观念，让孩子理解"百善孝为先"，这样他才能在行动上孝敬父母。

反 思

"孝顺"作为中华民族的传统美德，不仅是子女回报父母的一种方式，也是不能泯灭的道德规范，而且是维系家庭和谐的重要因素。爱是相互的，得到什么就应该付出什么，父母含辛茹苦地养育子女，子女就应该懂得用爱回报父母。作为父母，你必须让孩子明白这个道理，只有这样，孩子才能在成长的道路中学会关心和照顾别人，懂得珍惜亲人、朋友之间那份美好的情感。

1. 尊老爱幼是中华民族的传统美德，因此，你必须让孩子明白长幼尊卑的秩序。告诉孩子，是要孝敬父母的，不要搜刮父母，父母付出的一切都是因为爱子女，同样，子女也应该用同样的爱去回报父母。

2. 现在的你，正是上有老下有小的年纪，想让孩子孝敬老人，首先你也要孝敬老人，如果你能成为孝敬长辈的模范，那孩子也会向你学习，成为一个有孝心的人。

3. 大道理孩子不一定能懂，但小事情他却能看得到，所以，你要从小事上引导孩子孝顺，比如让他给爷爷奶奶捶背、端饭等。

4. 爱是相互的，想让孩子孝顺你，首先你得爱孩子，让孩子明白你在他身上倾注的心血，只有这样，你才能打动孩子，得到他的关心和爱。

第二节

做一个灵魂工程师：
给孩子的灵魂注入感情的血液

一个不懂感情的人，他的世界必定荒草丛生，他也可能是冷酷的人，毫无情趣可言。你一定不希望子女的生活暗淡无光，那么，你就要给孩子的灵魂注入感情的血液，让感情如同孩子的健康骨架内流动的血液一样，伴随孩子人生的始末。

良好的家庭环境、和谐的人际关系，都离不开感情。父母不光要注重培养孩子身体素质，更要做孩子灵魂的工程师。孩子未来的蓝图由父母构建，在建造孩子健康"外壳"的同时，你也要为孩子的躯体注入"灵魂"，只有这样，孩子才是一个有血有肉有灵魂的人，而不会成为一个冷血动物。

案例分析

维维很喜欢小动物，尤其是小狗。每次看到邻居家的狗崽他都会上去摸一摸，和小狗亲热一阵子。

在维维七岁的时候，爸妈决定送他一只小狗，让他亲自喂养。

"鉴于你这么喜欢小狗又这么乖，我和你爸爸决定送一只小狗让你喂养！"妈妈一脸微笑地说。

"真的吗？妈妈，你不会骗我吧？"维维几乎不敢相信妈妈的话。在得到妈妈的肯定答复之后，他高兴地跳了起来，"我要养小狗啦，妈妈要给我买小狗啦！"妈妈通过孩子的喜好，去培养他的感情，通过它对小动物的感情让他成为一个充满感情的人，这一点做得很好。

有了小狗之后，维维每天都会抽出大量时间和小狗在一起，还在父母的帮助下，亲自给小狗搭了个小木屋，给小狗买了专用的餐具。另外，小狗的一日三餐也由他亲自配制后送到狗窝。看来，维维对小狗真的很用心，也投入了很多感情。

有一天夜里下着倾盆大雨，睡得正香的维维突然惊醒了！要在平时，他肯定会害怕地跑到父母房间，缠着要和他们住一晚，可这次维维却第一时间跑到了花园。

小狗安静地躺在狗棚里，完全没有感觉到外面的风风雨雨，看到自己亲手搭建的房子能够为小狗遮风挡雨，维维别提多高兴了！更是有说不尽的成就感！这时他也联想到自己："我这么担心小狗，爸爸妈妈肯定也一样担心我。他们那么细心地照顾着我，肯定也经常担心我挨饿受冻。"想到这，维维深刻地体会到了父母的良苦用心！

富有同情心爱心，学会照顾别人，帮助别人，都是孩子应该具有的美好品德和高尚情操。虽然只是简简单单地养只小狗，但孩子在这一过程中不仅体会到了父母的爱，更明白了人和动物都是有感情的，学会关心和爱护别人是一件不容易但是很快乐的事情。孩子只有学会运用和珍惜这些感情，才能收获人生的快乐和美好。

有一天，露露和妈妈逛街时发现了一个衣衫褴褛的乞丐，手里端着一口破碗，跪在商场门口向来往的行人乞讨。

露露看他那么可怜，扯着妈妈的衣襟说："妈妈，那位叔叔多可怜啊！我们要不要……"露露没说完，就已经看到妈妈生气的眼神。

"快走吧！这儿到处都是人，走丢了妈妈可找不到你！"妈妈根本没接露露的话茬。

"妈妈，你看他衣服都破了，而且那么脏，肯定很久没有洗澡了，他吃的东西也都是别人剩下的，所以……"露露再次央求妈妈停下来。

"你这孩子，今天是怎么了？不就是一个乞丐嘛，你看他脏兮兮的多让人讨厌，我们还是赶紧去买衣服吧！"妈妈一点停下来的意思都没有。

妈妈不仅不理会女儿的同情心，还在女儿面前贬低需要帮助的人，实在不应该，就算妈妈觉得这个乞丐是骗子，年纪轻轻不去好好工作而在这里乞讨，也要跟女儿讲明不愿帮助的原因，而不是以乞丐脏为由硬把孩子拉走。

"妈妈，我们商量个事好不好？我不要新衣服了，你把给我买衣服的钱给那个叔叔吧，这样至少他能吃几顿饱饭！"露露眼神里充满了乞求。

"你疯了吧！竟然想把钱拿去给那个乞丐，你以为妈妈是大款呢！你不要新衣服可以，但是钱绝对不能给他，这些钱足够你买一学期的文具了。"妈妈拉着露露快步离开了商场门口。

露露不情愿地跟在妈妈后面，时不时地回头看看那个可怜的乞丐。

我们暂且不去评价妈妈的对错，但难得孩子有这份同情心，妈妈不分青红皂白就给镇压了，实在可惜。这样下去，难保孩子不会变成一个没有感情的冷血动物。父母保护孩子无可厚非，怕孩子上当受骗也情有可原，但至少你得给孩子一个不帮助那个乞丐的理由

吧！正确地引导孩子感情的发展，教孩子辨别事情的真伪，分清是非曲直，才能让孩子既不受伤又能保持感情，同时也是培养孩子高情商的重要方法。

反　思

随着物质生活水平的提高，父母在关注孩子身体健康的同时也越来越注重孩子心理的健康发展。让孩子拥有健康的感情认知和情商，是新时期孩子健康成长的关键。我知道，越来越多的诈骗让你变得警惕，社会的复杂也让你变得冷漠，但你不能因此以偏概全，从而抹杀了孩子的感情。为了保证孩子身心的健康成长，你必须要提高自身素养，让孩子接受更为良好的情感教育。想让孩子拥有一颗至善至美的心，就要给孩子的灵魂注入感情的血液。

怎么做？

1. 保证孩子的健康成长，光有吃穿住用行可不够，你必须关注孩子内心的成长，给他一个有爱有感情的灵魂，让他身心健康全面发展。

2. 你的抱怨和牢骚也许只是发泄情绪的需要，但在孩子看来，却是对生活对社会的不满，长此以往，孩子肯定没有一个良好的心态，自然也不可能拥有一个有感情的灵魂。

3. 良好的家庭氛围和和谐的文化气息会让孩子变得更有感情，

要知道，低俗的文化思想很难教育出高雅的孩子。

4. 不用说，身为独生子女的你肯定也是毛病一大堆，父母多年来的溺爱和娇生惯养难保你不会失去很多优秀的品质，甚至成为一个以自我为中心，缺乏感情的人。但是，孩子出生以后，你就要试着去改变自己了，如果不想让你的孩子和你一样，有或多或少的毛病缺点，你就要以身作则，时刻严格要求自己和孩子。

沟通无限:
搭建心与心的桥梁

如何和孩子建立良好的亲子关系?答案当然是沟通。那么,如何和孩子进行良好的沟通,让父母成为孩子信任的人呢?这是一门学问也是一门艺术。你虽然深知沟通的重要性,也常常口若悬河,能言善辩。但却常常忘记与孩子沟通,总拿自己的想法去判断事情。

其实,良好的沟通技巧是打开孩子心门的一把钥匙,也是搭建心与心的桥梁。只有了解到孩子天马行空、千变万化的想法,你才能更好地为他们美好的人生保驾护航,才能成为他们成长道路上的良师益友。

案例分析

晚饭时间,亮亮气冲冲地回到家里,一屁股坐在沙发上,边抹着脑门上的汗边嘀咕着:

"我再也不和阿吉玩了,他一点都不讲理,玩游戏总是要先玩,每次都那样,讨厌死了!哼!"亮亮生气地跺了跺地板。

"哟，这是怎么了？谁惹我儿子生气了？"妈妈走到亮亮身边坐下。

"没什么，我不想和阿吉玩了，他每次都赖皮，我实在忍无可忍了！"亮亮说完就把头扭向了一边。

"别着急，慢慢说，妈妈帮你分析分析！"妈妈劝导着亮亮。

"今天我们玩将军和士兵的游戏，阿吉仗着比我们大，每次都当将军，还指使别的小朋友为他干这干那，一副高高在上的样子，他凭什么总是那样？"亮亮有点委屈。

妈妈能够耐心地听儿子的话，这点非常好。要真正地了解孩子，就要认真地对待孩子，认真去了解他的思想，和孩子进行必要的沟通。

"哦，原来是这样啊！那你愿意听妈妈的意见吗？你也可以把心里真实的想法告诉妈妈。我们一起来讨论这件事情，怎么样？"妈妈摸着亮亮的头，似乎在征求他的同意。

"那好吧，妈妈先说说看！"亮亮答应妈妈继续下去。

"阿吉那样做也不是没道理，首先他比你们要大，他觉得自己有能力当好领导，年长的应该比年轻的经验丰富。其次，即使每次都当士兵也没什么不好。这只是游戏而已，不必太当真，只要你能做好自己，大家也会像拥戴阿吉那样尊敬你，不是吗？况且，玩游戏就是为了快乐，如果因为角色分配不当就恼怒，不仅不会快乐，甚至还可能失去一个好朋友，那不是得不偿失吗？"妈妈语重心长地说。

孩子之间出现问题很常见，但良好的沟通，会让父母和孩子一同将问题轻松地化解，同时还可以消除孩子心底的错误认识。因此，父母应该成为孩子的好朋友，替孩子分担喜怒哀乐。仔细发掘孩子真实的想法，让他善于利用有效的沟通手段处理一些棘手的问题。另外，和孩子进行良好的沟通，也会拉近你与他之间的距离，让孩子对你更加信任，加深父母与孩子之间的感情。

小满又是天黑才进小区，一想起上次因为晚回家被爸爸揍的情形，小满觉得浑身发抖！

爸爸正在吃饭，看小满进来了，放下碗筷就开始责骂小满："又去哪里玩了？这么晚才回来！"一边说一边伸手要去打小满。

"我……我帮助……"话还没说完，爸爸的巴掌就落到了小满身上。

"我看不打你，你是不会长记性的，天天不好好学习，放学总是回来这么晚，也不知道一天到晚都在干吗！"爸爸的责骂声，妈妈的劝阻以及小满的哭声顿时充满了整个房间。

爸爸不问清楚原因，就对儿子大打出手，真是大错特错了。先不说暴力教育的弊端，单是这不沟通就先发火的毛病，也实在要不得。要知道，父母的巴掌，只会让孩子紧闭心门，根本不能解决任何问题。

就在全家人"战斗"得天昏地暗时，门铃响了，"请问是小满家吗？"一位三十岁上下的阿姨问道。

"嗯，是的！我是小满的爸爸，你找他有啥事啊？"爸爸漫不经心地说。

"是这样的，小满和我们家林林是同班同学，前几天林林病了，是小满送他回家的！今天这孩子又去了趟我们家，把他的笔记给林林看，并帮她补习了功课！一看天黑了就赶紧要回家，说是怕你们担心，着急走把笔记本落我们家了，我觉得他明天可能要用，就赶紧送过来了！"

小满听到是林林的妈妈，一边擦着眼泪，一边去接阿姨手里的笔记。看到小满哭了，阿姨赶忙向爸爸道歉，"实在对不起，孩子回来晚了让你们担心了，真没想到会这样，实在抱歉！"

"我本来要向你们说明情况的，可我还没说完，你的巴掌就下来了！"小满委屈地对爸爸说。

爸爸听了林林妈妈的解释，顿时愣在那里，脸上火辣辣的。

遇到事情要学会沟通，千万不要不分是非曲直就教训孩子，暴力尤其不能解决问题。爸爸如果能在孩子晚回家之后听听孩子的解释，也就不至于让孩子白挨一顿打，自己也气得够呛。

反 思

你一直抱怨孩子不听话，怎么教育都不起作用，你不了解孩子，却对孩子指手画脚，他自然对你产生逆反心理，从而不愿和你交流。其实，孩子渴望得到父母的尊重和理解，渴望被父母热切地关注，渴望得到父母精神上的重视。只要你选择与孩子沟通，孩子自然喜欢和你亲近，如果能在沟通中解决问题，孩子还会不听话吗？沟通是一座桥梁，它能让父母与子女的心灵更加地靠近，也能避免隔阂的出现。

怎么做?

1. 不要以你忙为借口忽视孩子，你必须了解他的想法，并且时常与他进行心与心的交流，这样才不至于和孩子因为缺乏沟通而产生隔阂。

2. 沟通是在平等基础上的一种交流，因此，你必须放下你家长的架子，和孩子保持同一个高度，这样会减轻孩子的压力，更容易让他吐露自己的心声。

3. 千万不要在孩子面前说话口无遮拦，把握好交流的分寸。孩

子做得好你要适当地鼓励和赞扬，做得不好，也不要极尽挖苦讽刺之能事。要让他感觉到父母的尊重，只有这样，孩子才愿意与父母交流。

4. 你当然不可以暴虐成性，不管怎么样，你都要和孩子摆事实讲道理，不要考虑用武力解决问题，暴力只会恶化你和孩子的关系，并不能解决实质性问题。

寸草春晖:
让亲情温暖孩子的心灵

"亲情",从字面上理解就是有血缘关系的人们之间存在的感情。父母之爱手足之情都包含其中。亲情是连结家人的纽带,是亲人无论走到哪里都会牵挂的一种情感。

"谁言寸草心,报得三春晖",母亲的爱如和煦的春风哺育你成长;父爱如山,父亲的爱也是你成长中最坚实的依靠;荣升为父母以后,看着孩子娇小动人的脸庞,你的内心洋溢的也满是亲情的温馨。你能体会这一切,自然也要让孩子体味到这份真挚的情感,让亲情像阳光一样温暖孩子的心灵。

案例分析

兮兮的父母搞科研,工作特别忙,所以兮兮一直跟奶奶生活。虽然奶奶对兮兮百般疼爱,但每当看到别的小孩和父母在一起时,兮兮心里还是有些难过。

"奶奶,为什么别的小朋友周末都可以和爸妈一起玩,我却不能

和父母在一起？"兮兮问奶奶。

"因为爸爸妈妈工作太忙，所以没法陪你一起玩啊！难道你和奶奶一起不好吗？"奶奶抱着兮兮说。

虽然奶奶给了兮兮合理的解释，但父母不在身边还是让她特别失落，甚至觉得自己不是父母亲生的，父母不想要她了。

由于生活所迫，你可以把孩子交给爷爷奶奶带，但这并不代表你可以撒手不管了，作为父母，你必须让孩子享受到亲情的温暖，不能因为"没时间""我很忙"为由拒绝理会孩子！尽管爷爷奶奶的照顾也会让孩子觉得温暖，可父母在孩子心里的位置是谁都无法取代的，没有父母的陪伴，孩子的心灵会受到创伤。

"尽管他们不能常回来看你，但她们每次回来不都给你买好吃的和好玩的了吗？"奶奶看兮兮有点不高兴，补充说。

"我才不稀罕那些吃的玩的，我就想让他们陪我一起上公园玩！"兮兮都要哭了。奶奶也有点不知所措，只好抱着兮兮不断地说："很快爸爸妈妈就回来了，等他们回来了我让他们陪你上公园玩木马，好吗？"

很多时候，父母可能会因为某些难以改变的客观原因疏忽了对孩子的关心，让孩子感受不到亲情的温暖。但你绝不能让那些原因成为疏远孩子的借口，让孩子远离亲情的温暖。

在一次运动会上，明明跳远不小心小腿骨折了，父母十分心疼，不仅轮流到医院看护明明，还变着法儿地给明明做各种好吃的补身子。

"明明，喝口鸡汤吧？医生说加强营养伤口会好得快些！"妈妈一边说一边把鸡汤盛到了碗里。

"每次都是这些油腻的东西，烦都烦死了，谁吃得下啊？"明明因为不能下地走动，心里压抑了很久，跟妈妈说话语气很冲。

"妈妈知道你在医院待久了有些闷，可是如果不加强营养，你可能要在医院住得更久，妈妈希望你能早点康复，早日下地和同学们玩，所以才给你做了鸡汤呀，喝了它，你很快就能好起来的。"妈妈温和地对儿子说道。

面对儿子的坏脾气，妈妈不仅没有生气，还对儿子进行开导，让儿子体会到了母亲深切的爱和关怀。

"妈妈，不是我不想吃东西，我就是心情不好，在这里躺半个月真让人受不了。"看着妈妈忙前忙后的样子，明明也觉得刚才的话有点过分。

"你的心情妈妈理解，但是只有保持好心情，积极配合治疗才能很快康复呀！"妈妈安慰道。

"妈妈，我……"明明有点内疚，想跟妈妈道歉，但是话说了一半没再说下去。

"好了，妈妈明白你的意思，你心情不好妈妈不会跟你计较的！况且你生病了妈妈应该照顾你，将来妈妈老了，你也会好好照顾妈妈的，不是吗？"妈妈将鸡汤端到了明明面前，"赶紧喝吧！一会儿凉了不好喝！"

听了妈妈的话，想想自己住院以来爸妈对自己的悉心照顾，明明心里觉得很温暖，并决定等自己好了以后，好好报答父母，做个孝顺的孩子。

反 思

亲情是这世上永恒不变的情感，它温暖着每个人的心灵，是每个人灵魂深处最美丽的感情。如今的孩子多是独生子女又娇生惯养，

对亲情只怕没有深刻的理解，也不太懂如何对待这份情感。因此，父母在教育孩子的时候，一定要让孩子感受到亲情的温暖，多和孩子交流，培养和孩子之间的良好感情；让他学着关心他人，体会父母的辛劳；让他从内心重视这份亲情，在感受亲情的温暖时也给予亲人温暖。

怎么做?

1. 让孩子感受到爱，感受到家人之间相濡以沫的感情，然后告诉孩子，这就是亲情，让孩子从生活中看到亲情，体会到亲情的温暖。

2. 不管你有多忙，都要抽出时间来多关心孩子，多和孩子沟通交流，这样才算是合格的家长。你可以在周末时和孩子一起郊游，就算每天上下班时拥抱一下孩子，也能让孩子感受到父母的爱。

3. 离家的孩子更能体会亲情的珍贵，你可以在孩子寒暑假时制造机会，让孩子离家一段时间，让他在思念中体会父母的爱和关怀，这样他会更加珍惜。但是，千万不要把离家当做对孩子的惩罚方式，那会伤害孩子幼小的心灵。

4. 不要对孩子太过严厉了，就算是严厉，也要恩威并施。千万不要把自己的坏情绪扔给孩子，没有分寸地对着孩子发火。一味地严格，只会让孩子感受不到父母的爱，不利于他体会亲情的温暖。

高山流水：
让孩子沐浴友情的阳光

友情是一种产生于人与人之间的美好情感，有了它，在孤单无助时，你就有了救命稻草，它会帮助失落的你摆脱苦恼，收获快乐。

作为父母，你千万不要阻挠孩子交朋友，高山流水，知音难觅，孩子的朋友越多，他越能快乐健康地成长。一定要让孩子体会友情的美好，因为拥有友情的人生，才是完美的人生。同时，在孩子还不能把握好坏的时候，你要帮助孩子把关，不要让他因为友情而陷入泥潭，要坚决阻止他和不良少年、社会渣滓来往。

案例分析

过几天是同学的生日，翔翔放学回家问妈妈应该给准备什么样的礼物送给同学。考虑到请客吃饭更能增进同学之间的感情，妈妈决定让翔翔把同学请到家里来做客。

"儿子，为什么非要送礼物呢？你完全可以把同学请到家里来玩啊！妈妈给你们做好吃的。"妈妈对翔翔说。

"他过生日我请客，合适吗？"翔翔有点犹豫。

"这有什么啊？妈妈正好可以见见你的同学呢！你跟同学说下，他一定很高兴，也可以多请几个朋友一起来啊！"妈妈试图打消儿子的疑虑。

"嗯，好的，我明天就跟他们说，让他们周末到咱家来玩。"儿子一下子轻松许多。

妈妈通过请客吃饭来巩固儿子的友情，的确很高明。这样一来，儿子不仅收获了更多的友谊，也懂得如何去经营友情。

周末时，妈妈做了一大桌子菜，丰盛极了，翔翔和同学们吃得很开心。妈妈为同学精心准备的生日蛋糕，还一度把气氛推向了高潮。饭后，同学们在一起下棋、玩扑克、聊天，别提多开心了。

孩子们这么高兴，妈妈也十分欣慰。于是说道："今天你们能来我家做客，阿姨非常高兴，欢迎你们以后常来玩，你们和翔翔不仅是同学，也是朋友，以后在学习和生活中都要学会互相帮助！"

"谢谢阿姨，我们一定会和翔翔好好相处，您就放心吧！"大家欢快的笑声充满了整个房间。

如果说些友谊多美好的话，孩子未必能够理解，但是妈妈通过这样一种方式，让同学们开开心心地在一起，孩子就能体会到友情的珍贵了。父母们不要说孩子能否获得友情与自己无关，其实，你完全可以做孩子友情的军师，让孩子沐浴在友谊的阳光之下。

晴晴来幼儿园已经三个月了，但仍然不太适应集体生活，总是自顾自地玩，不和其他小朋友交往。

"晴晴，你为什么不和别的小朋友玩呢？"老师亲切地问。

"我才不稀罕和他们玩，他们要是抢我的玩具怎么办？"晴晴毫不掩饰地说。

"原来是这样啊！那你没有朋友，不会很孤单吗？"老师试探性地问。

"我才不需要什么朋友！爸爸妈妈都是我的朋友，我就是他们的小公主，一点也不孤单。"晴晴没理会老师的话。

友情和亲情对孩子来说都很重要，缺一不可，父母一定要引导孩子认识到友谊的重要和美好，并鼓励他们多交朋友，而不是以自己是孩子的朋友为由，让孩子失去友情。

就在这时，同班的京京满脸期待地跑过来说："晴晴，大家让我来叫你一起堆城堡，你愿意和我们一起玩吗？"

"我才不跟你们玩呢！爸爸说了，你们都爱欺负人，让我离你们远点。"

父母不希望孩子"吃亏"，便要求孩子不和其他小朋友来往的想法是偏激的。孩子怎么能缺少玩伴呢！如果一直没有朋友，孩子很可能会变得自闭，缺少活泼开朗的性格。其实，父母不妨放手让孩子参与到集体活动中，让孩子体验到合作的乐趣，这样，他才能体会到友情的可贵，知道如何去寻求友情。

反 思

俗话说"在家靠父母，出外靠朋友"，"多个朋友多条路"，因此，你应该让孩子明白友情的可贵，让孩子感受到友谊的美好，帮孩子结交更多的朋友，让孩子学会珍惜友情。孩子美好的童年里少不了玩伴，那些和他相处愉快的伙伴往往会在他脑海里留下美好的回忆。从这些简单的快乐里，他会懂得朋友的重要和友谊的美好。当然，你也要引导孩子树立正确的交友观，让孩子能够得到健康的友情。

1. 孩子也许不明白朋友的重要性,但你总该了解吧!你应该鼓励孩子多交朋友,而不是用种种理由去限制孩子的交往自由。

2. 你完全有能力为孩子创造良好的交友环境,比如欢迎孩子带朋友到家里来。你也可以帮助孩子选择合适的朋友,用你的经验和眼光去审视孩子的玩伴,帮他摆脱不良少年的侵扰。同时,你还可以告诉孩子朋友之间的相处之道,让孩子不至于因为不懂珍惜而失去朋友。

3. 你有多年的交友经验,孩子们之间出现的那点小问题一定难不倒你吧!所以,你有义务有责任帮助孩子解决友谊纠纷哦!让孩子学会珍视友情,同时,引导孩子用正确的方法解决问题,而不是抛弃友情。

4. 近朱者赤近墨者黑,孩子有什么样的朋友就会对他有什么样的影响。因此你要告诉孩子正确的交友观念,也可以帮他订立择友标准,不能让孩子胡作非为。但也不能用势利眼去看待孩子的朋友,只让他交家世背景好学习好的朋友,只要孩子的朋友没有道德上的问题,你就不应该过多地干涉。

琴瑟之好：
让孩子了解爱情的真谛

孩子是父母的爱情结晶，正是有了爱情，有了婚姻，才有新生命的诞生。享受过爱情甜蜜的你自然了解爱情的真谛，那"爱情"在孩子眼里又是怎样一番景象呢？可以肯定的是，在孩子看来，爱情绝不是粗茶淡饭的生活和柴米油盐的平淡。

孩子都有天真的想法，对于爱情的看法更是古怪至极。"丘比特的箭射中了两个人而且还不疼，于是有了爱情"；有的孩子以为幼儿园毕业就可以结婚了；有时候，他们还会认为，想要让别人爱上自己，口袋里必须有足够的巧克力或者糖豆……千万别对孩子的这些幼稚的看法嗤之以鼻，这些都是他们眼中最纯真的爱情。你不要觉得孩子那么小就谈爱情很不合适，其实，只有让孩子正确地了解了爱情，他才不会陷入早恋的泥沼。因此，让孩子懂得爱情的真谛和明白友谊的美好同样重要。

　　小天放学后把书包往沙发上一扔，就嚷着让父母给他买套房子。

　　"你要房子做什么？我们现在不是有房子吗？难道你又有什么奇思妙想？"妈妈疑惑道。

　　"我谈恋爱了，将来还要结婚生孩子，你们不给我买房子我住哪儿？"八岁的小天理直气壮地说。

　　"是吗？我这么快就要当婆婆了啊！不知道你爸爸有没有做好当公公的准备？"妈妈调侃道。

　　"你现在才屁大点，懂什么叫结婚嘛！还吵着要房子，我看你是胆大包天了。"爸爸听到叫嚷声从房间里出来了。

　　其实，面对孩子想要结婚的天真想法，爸爸不应该大发雷霆，正确的做法是顺着孩子的意思，然后告诉他成就这些想法需要怎样的条件和基础，让孩子学会为自己的目标努力，也让孩子学会知难而退。

　　小天看了爸爸一眼，没多说什么，可是眼神里的委屈还是被妈妈看见了。

　　"小天，妈妈不反对你喜欢女孩子，但如果谈恋爱了，就要对人家负责。你是男孩子，必须承担很多责任，明白吗？现在正是学习的时候，如果学习不好，就失去了吸引别人的能力，那就没有女孩喜欢你了。况且学习好才能上好大学找好工作，然后挣更多的钱给你喜欢的人花，你不仅要负担他们的生活，还要给他们买更大的房子更洋气的车子，如果学习不好，这一切都是空想。所以，你现在最主要的任务是好好学习，而不是谈恋爱，知道吗？"妈妈摸着小天的头说。

　　"嗯，我明白了！原来这一切没有我想象得那么简单。我的任务是好好学习，谈恋爱是长大以后的事，只要我学习好，就不愁没人喜欢我。"说完就高兴地洗手吃饭去了。

妈妈的做法显然要高于爸爸，她鼓励孩子去追求爱情，同时告诉孩子，拥有爱情就需要去承担责任，通过分析道理让儿子知道，现在谈爱情还不是时候。这样，儿子不仅不觉得委屈，反而认为妈妈说得有理，很轻易就接受了妈妈的话，而且学习起来也更有动力了。

由于一起参加演讲比赛，小冉和明飞最近走得很近，因此班里就有好事者说他们关系暧昧，而且这话还传到了明飞妈妈的耳朵里。

妈妈下班时也经常看到一个女孩和明飞一起回家，一路上两个人有说有笑，感觉很亲密。开始妈妈还没在意，听到传言后心里开始泛起嘀咕，甚至开始限制儿子的交往。

"儿子，你是不是谈恋爱了啊？最近看你和一个女生走得挺近。"妈妈开门见山。

"没有啊！妈妈，你怎么会这么想呢？"明飞感到莫名其妙。

同学之间关系亲密是很正常的事情，男女生之间也存在纯洁的友谊。作为父母，你不能用成人的眼光去看待孩子的问题，更不能因为听到一些风言风语就不相信孩子。要知道，你的误会和不理解，不仅会给孩子带来伤害，还有可能让孩子出现叛逆的心理。

"我不管你怎么狡辩，反正我是看到了。儿子，谈恋爱可不好，以后你不准和那个小姑娘来往了。"妈妈严厉地说。

"我不，我们是好朋友，凭什么不让我们在一起玩！"明飞反驳道。

"不许就是不许，离她远点，要不我就去找那位同学的家长，你也不希望闹成这样吧！"妈妈甚至威胁儿子。

"我才不怕呢！你不说我们谈恋爱嘛！那我就谈一个给你看看，看你怎么办！整天就知道冤枉我！哼！"儿子也放了狠话。如果父

母心里能阳光一点，孩子其实根本不会想到恋爱，父母硬给孩子安上早恋的帽子，反而容易让孩子误入歧途。

早恋会影响孩子的学习和身心发展，孩子可能也明白其中的危害。如果家长不能很好地引导孩子处理这方面的问题，只是用世俗的想法来看待孩子的举动，那这些偏激的做法只会让孩子一步步陷入问题的泥潭无法自拔。

反 思

不要以孩子小为由讽刺他的爱情观，小小年纪的他，对待爱情也有自己独到的见解，有时甚至萌发出恋爱的念头。这时候，父母不必着急打消孩子的想法，对爱情充满向往并没有什么不对。父母应该做的，是告诉孩子爱情的真谛和责任，让孩子真正理解爱情，这样，孩子才不会轻言爱情。你也可以跟孩子讲讲你对爱情的看法和见解，让孩子理性地去对待爱情，而不是盲目跟风似的，以恋爱为目的去恋爱。

怎么做？

1. 不要讥讽和嘲笑孩子奇怪的想法和理论，也不要镇压孩子对爱情的向往，孩子都有自尊心，父母的讥讽和嘲笑会让孩子不知所措，也会伤害孩子的心灵。

2. 你应该帮助孩子分析爱情问题，让他明白眼前的快乐不能和长远的幸福相比，从而让他慎重地考虑爱情。

3. 当孩子可能遇到早恋问题时，你应该帮助他走出泥沼，而不是对他大加指责，他心里肯定知道早恋是不对的，可能正在犹豫和徘徊之中，你有意去拉他一把，也许就能让他避免受到伤害。另外，对于孩子的正常交往，你一定要多加鼓励，有一群志同道合的朋友，孩子一般不会陷入早恋的泥沼。

4. 在对待爱情时，男孩女孩有不同的表现。因此，作为父母，在遇到这个问题时，父母也不要用同样的方式去对待。男孩子要从他的责任心着手，让他知难而退；女孩子则要求她自爱，早恋有可能会毁掉女孩的一生。

第十章

80后爸妈的理性巩固：
先有理智的孩子再有未来的天才

如果感性认识可以让思维擦出火花，那理性认识无疑会让思维之火熊熊燃烧。通过感性认知，我们看到了世界的光怪陆离，而理性的认知则有助于我们看清事物的真实面目。

俗话说"冲动是魔鬼"，它不仅不能让我们解决问题，还可能让我们陷入更深的泥潭。与之相反，理性的思维更有助于我们看清问题的本质，进而更好地解决问题。在21世纪，一时冲动已经不再是自信、伟大的表现，成功的必备条件是用理性去分析问题解决问题。孩子的成长需要理性，它会让孩子变得理智和坚强，也会让孩子变得冷静和勇敢。

向左走 向右走：
让孩子在选择中成长

孩子在成长的过程中总会面临这样那样的选择题，有时候他们能做出正确的选择，很多时候也会做出错误的判断。你无法帮孩子一辈子，所以，你应该让孩子学会自己选择。

父母千万不要因为怕孩子受到伤害而不让孩子去选择，更不要让自己的"专制"扰乱了孩子的心智。孩子做出的正确决定可以增强他们的自信心，即便是错误的决定也会让孩子吸取深刻的教训，避免再犯类似的错。无论怎样，孩子都是一个独立的个体，父母不应该剥夺孩子自主选择的权利。

案例分析

悠悠要参加学校的活动，一大早就和妈妈商量穿什么衣服合适。

"妈妈，我想穿裙子参加今天的活动，你觉得呢？"悠悠一边说一边拿着裙子在身上比画。

"今天有点冷，穿裙子容易感冒！还是穿裤子吧！"妈妈拿出牛

仔裤。

"妈妈，这次是时尚活动，我觉得穿裙子更贴近主题。"悠悠执意要穿裙子。

"这么冷的天，穿薄了怎么行！总不能要风度不要温度吧！"妈妈试图说服悠悠。

"妈妈，我知道你关心我，可牛仔裤真的很老土了，一点个性都没有。"悠悠依然坚持己见。

"谁说牛仔裤老土啊！你看那些大牌明星，穿起牛仔裤来多有范儿！而且也特别时尚。"妈妈不甘示弱。

"我又不是明星，穿牛仔裤一定丑死了，妈妈，我还是穿裙子比较好看。为了参加这次活动，我是费尽心思，如果衣服穿失败了，岂不是前功尽弃吗？"悠悠的理由很充分。

"不行，今天说什么也不能让你穿裙子。"妈妈已经不耐烦了，把裙子收了起来。

看到自主选择的权利马上就要被妈妈剥夺了，悠悠灵机一动："妈妈，要不我在裙子里穿上裤袜吧！这样既暖和又美观。"悠悠简直要被自己的聪明才智倾倒了。

"呃，这还差不多，妈妈同意了。"妈妈也为女儿这么聪明感到骄傲。

穿裙子容易感冒，穿裤子又很美观，这真是一个向左走向右走的选择难题。很庆幸这个妈妈能够听取女儿的意见，让女儿做出自己的选择。孩子看东西也许不够全面，容易做出错误的选择，这时候，父母应该给予孩子提醒，但是不要强迫孩子按照自己的思路去选择，最好是在父母的指导下，孩子最终做出英明决定。

学校组织了一次演讲比赛，老师提议让平时伶牙俐齿的小桃参加，但小桃对这次的演讲题目一点准备都没有，所以回绝了老师的提议。

回家以后，小桃无意间和妈妈说起这事，却遭到了妈妈的批评："多好的锻炼机会啊！你这么轻易放弃了不可惜吗？难得老师这么信任你，你有什么理由拒绝老师？而且这么大个事你竟然不和家长商量就自做主张了，翅膀长硬了是吧？"

"我不参加自然有不参加的理由，妈妈，这是我自己的事，你就让我自己选择行吗？"小桃不满妈妈的唠叨。

"你能耐大了！都学会自己选择了，你有什么理由不参加？倒是说出来听听啊！"听了小桃的话，妈妈更加生气。

当孩子做出选择时，说明他已经具备承担选择后果的能力了，不管他选择了什么，你最好不要横加干涉，更不能要求孩子按照你的想法重新选择。

"这次演讲比赛的题目不是我擅长的，我根本没有任何准备，怎么去参加啊？"小桃说出了拒绝的理由。

"老师都推荐你了，说明你能行。你这样做，不仅让老师下不来台，自己也得不到锻炼，那怎么行呢？"妈妈还是想让小桃参加比赛。

"不，妈妈，你别逼我，我知道自己的能力，你不能强迫我参加比赛。"小桃急了。

"怎么不行？我马上给你老师打电话，让他帮你报名。"妈妈立即拿起电话。

虽然妈妈解决了报名问题，可到了演讲比赛那天，却不见小桃的影子，为了逃避比赛，她连那天的课都没上。

孩子作为一个独立的个体，有权利选择自己要做或是不要做的事情，父母对此就算有不同的意见，也要尊重孩子。你可以告诉孩子你的想法，但不能强迫孩子改变选择。

　　每个家长都希望孩子能够健康成长，却常常忽略让孩子自己做选择。如果想让孩子在未来的竞争中立于不败之地，就应该尊重孩子的选择。只有这样，孩子才能学会选择。每个人的一生都要面临不同的选择，一个不会选择的人，他要么只会逃避，要么没有主见，注定是个可悲的人。你一定要让孩子自由做出选择，可以鼓励和引导孩子做出正确的选择，但不能帮孩子做决定。

怎么做？

　　1. 改变老土的教育观念吧！你不是唯我独尊的家长了，也不是家里唯一的决策者。孩子有权做出选择和决策，而不只是被动地接受父母的决定。你可以让孩子自己选择吃什么饭，吃多少，去哪儿玩，玩什么等，但在这个过程中，要明确告诉孩子，决定了的事不要轻易更改，不要让他养成三心二意的毛病。

　　2. 生活是五彩缤纷的，事情是多种多样的，因此，孩子必须学会自我选择才能适应社会发展。你要做的是给孩子选择的机会，让孩子在选择中成长。当孩子还小时，父母最好给他单项选择，因为太多的选择会分散孩子的注意力。比如你让孩子自己选择看什么书，而书架上的书那么多，他没有根据地选择，只会浪费时间。

　　3. 你当然可以有自己的意见，而且完全可以把你的意见告诉孩子，只要是正确的，孩子也会接受你的意见，但是你不要固执己见，也要听取孩子的想法，尊重他做出的选择。

4. 选择是一个严肃的问题，你必须让孩子意识到这一点，如果孩子做出选择之后，你应该让孩子陈述他的理由，不能让孩子胡乱选择。只有这样，孩子才不会因为胡乱决策而付出沉重的代价。

透过现象看本质：
让孩子拥有判断力

　　判断力是一种综合分析思考的能力，它体现了人们对事物的态度以及对问题的看法。判断力不是用胡乱猜忌获得的，它需要你拥有分析事物的能力。任何事物都有表面现象和本质内容两个方面，判断力会让你通过分析现象看到内容的本质。

　　当孩子能够综合运用知识对某些问题做出正确结论时，那他就拥有了"判断力"。让孩子拥有判断力，就必须让他透过现象看本质，让他不被事物的表面现象所迷惑，这也是孩子理性生活必不可少的部分。

案例分析

　　五岁的聪聪喜欢堆积木，而且堆得有模有样。周末时，看到儿子在堆积木，妈妈走了过去。

　　"聪聪，你为什么把积木堆这么高呢？"孩子是游戏世界的主宰，也许这个游戏对你来说很无趣，但孩子知道游戏的魅力，你问他的过程，就是培养他判断力的过程，他会通过你的发问去思考，从而形成自己的判断。

"好玩。"儿子抬头看看妈妈，又低头看看积木，回答道。

在孩子形成判断力之前，他也许说不清做一件事情的原因，但他也有理由。父母们千万不要小看了"好玩"二字，这是孩子对于堆积木的看法，也是他对于积木这个玩具的最初判断。

"可为什么妈妈每次都堆不高呢？而且还容易倒。"妈妈继续发问，带领儿子进入更深层的思考，让孩子更加准确地做出判断。

"妈妈，你堆积木时一点都不认真，当然堆不好了。你应该像我一样，把大块的和长的放在下面，这样积木就会比较牢固，然后你把尖头的积木放在最上面，这样会显得比较高，明白吗？"聪聪边说边示范给妈妈看，在这个过程中，他的判断力得到了极大的实践。

孩子透过堆积木的表象看到了如何更好堆积木，而且知道怎么做是不对的，不得不说是一种判断力的进步。

多问孩子一些"为什么""怎么样"，能够培养孩子的判断力。当孩子在告诉你答案时，他心里已经经过思考和判断，他说出的话并不是毫无根据的，而是自己判断的结果。

小武特别淘气，也很有主见。每次和小朋友们玩，他都会"发明"一些奇怪的游戏方式。

这天，他又出了一个新主意。"我觉得咱们应该玩点刺激的，每次都是警察抓小偷，无聊死了！你们说呢？"

"那你说玩什么吧，我们都听你的。"小朋友说。

"要不，咱们一起爬阳台吧！就菲菲她们家的一楼阳台，从这里起跑，爬到阳台上，再跳到那边的草地上就算赢，怎样？"小武已经跃跃欲试了。

要去菜市场的妈妈路过，看到小武和一群小朋友正往菲菲家阳台的方向跑，叫住他们并问道："你们慌里慌张做什么呢？"

"我们比赛爬阳台呢！妈妈，你就别管了。"小武停下来说完话又想跑。

"站住，不准爬阳台，太危险了。"妈妈拉住小武大声吼道。

孩子做事没有经过思考，判断出现了错误，甚至有危险性，这时需要妈妈及时制止。如果孩子只是想法不对，并不会造成什么后果，妈妈就应该用商量的语气去和孩子探讨，指出他的判断错在哪里，这样才能纠正他的判断，让他明白正确的判断应该如何。

"不，我就要爬，这有什么危险的，你净会吓人！"小武根本不理会妈妈的话，还在想着如何进行刺激的游戏。

"你给我回家去，不准在外面玩了！这么危险的游戏也能玩，简直是无法无天了！"妈妈火了，拉着小武就往家走，小武在后面大声哭着，众小朋友面面相觑，也都逐个散开。

妈妈在制止孩子之后，应该告诉孩子爬阳台的危险性，说出孩子的判断可能会带来什么后果，让孩子去思考自己的行为，引导他做出正确的判断；让他透过爬阳台这一现象看到事物本质。直接阻止孩子的行为，则可能使孩子产生逆反心理。

反　思

孩子也有自己的思想，当父母说出"你一定要"或"你应该要"的时候，不妨先反省一下，这样是不是会将自己的想法强加在孩子身上。如今的孩子个个古灵精怪，告诉他们"应该怎么做"不如让他们知道"为什么这么做"。让孩子学会思考和判断，他长大后才会具有决策能力。

怎么做？

1. 发号施令就那么有意思吗？你这个一定要、那个必须要真的有那么必要吗？我看不一定吧！别到头来，施令发够了，孩子却失去了判断能力。做事情都是一步步来的，为什么非要那么强硬呢？你完全可以和孩子采用商量的语气说话啊！这样还有助于他形成自己的判断。

2. 不要拿无知当个性，不要把表面现象当做本质真理，这点你有时也难免犯错。特别是你拿自己当艺术家时，根本就听不进任何意见。千万别把你的艺术家气质传染给孩子，让他变得自以为是，你必须让他学会透过事物的表象看到内涵，这样，他才能真正拥有判断力。

3. 你可以通过开发孩子的思维来培养他的判断力，比如多问问"为什么"或者"你是怎样认为的"之类的问题，看看他的想法或方案。

4. 判断力需要慢慢培养，所以你不能操之过急，更不能因为孩子在一个事情上没有判断好就否定了他的全部。

来自心灵的力量：
让孩子懂得自律

每个人就要受到"纪律"的约束，只有这样社会才能够有秩序地发展。生活中处处都有规则需要遵守，比如要遵守交通规则，买东西要自觉排队等等，它已经成为与我们生活息息相关的一部分。这些规则并没有人时常在我们耳边提起，为什么大家都能欣然接受和默默执行呢？只有一个原因，那就是自律。

"无规矩不成方圆"，要让孩子明白这一点，父母不可能天天在孩子耳边唠叨那些所谓的"规则"，因此必须培养孩子"自律"。比如"早睡早起""不要沉迷在游戏中"等等。

案例分析

虎歌学习成绩一直不佳，老师和他父母也有过几次沟通，但都没什么作用。

无意中，妈妈看了教育频道一期《如何培养孩子自主学习》的节目，并参照专家们的说法，为儿子制定了一些学习计划。为了不让儿子觉得她独断专行，妈妈决定和儿子单独谈谈。

"虎歌，最近学习怎么样？怎么也不跟妈妈说说？"妈妈试探着问。

"就那样呗！你又不是不知道我成绩差，问这些有什么用！"一谈到学习，虎歌就不耐烦。

"你听妈妈把话说完嘛！妈妈不是希望你能考多高的分数，但至少你要让妈妈知道你在努力，而不是敷衍了事。"妈妈接着说："妈妈觉得你很聪明，只是玩心太大，课下不知道努力学习，没有把握好学习的时间。"

"我觉得我的时间掌握得挺好，课下我也完成了作业。"虎歌很不服气。

"你每天有规律地去打球就叫掌握好了时间啊！要是你学习也能那么有规律就好了。其实你就是自我约束能力太差了，只知道打球，不知道学习。"妈妈态度平和，语气却很坚决，"为了更快更好地提高成绩，我帮你草拟了一份学习计划，你看看吧！如果合适就照着来，不行我们也可以商量着改。"

儿子看完计划后，对母亲的分析和计划书中的安排很满意，也意识到只有通过计划才能约束自己更好地利用时间来学习。于是，他每天都提醒自己按照计划合理安排时间。早睡早起，早上利用半个小时背诵英文，上课时好好听讲，课后安排相应的复习时间，渐渐学会了自我控制和自主学习。

孩子虽然认识到学习的重要，但爱玩的天性还是会让他们偶尔迷失自我。家长不仅要及时分析孩子迷失的原因，还要帮助孩子建立起自我约束的行为规范。

今天的作业格外多，斌斌一直写到晚上8点半还没有写完。

这时，他已经很累了，开始打退堂鼓，跟妈妈抱怨道："妈妈，今天老师布置的作业特别多，怎么写也写不完，我能不能看会儿电视再写呀？"

"你们老师真狠心！宝贝，你要是累了就歇会儿吧！"妈妈似乎对老师布置这么多作业很不满意。为了不让孩子累着，她同意了儿子的请求。

知道孩子为什么那么娇气、懒惰、贪玩、霸道吗？正是因为有太多这样的家长了。他们不忍心让孩子受一丁点苦，从来不要求孩子自律，对孩子的要求无条件满足，从而让孩子失去很多应有的品质，不敢去吃苦不懂得自律。面对这种情况，父母应该让孩子学会自律，要告诉他把事情做好了才能玩。

"你真是世上最好的妈妈！"斌斌给妈妈灌完迷魂汤，就跑去看动画片去了。不知不觉中，已经到了 10 点，该睡觉了。

"10 点了，赶紧洗洗睡吧，明天还上学呢！"妈妈催促斌斌。

"哦，那好吧！可是……我的作业还没写完呢！"斌斌小声地说。

"时间太晚了，明早我早点叫你起来，你再把剩下的补完吧！"妈妈不假思索地说。

结果，第二天妈妈着急上班把孩子要早起写作业的事忘了。斌斌由于作业没有及时完成，受到了老师的批评。

放纵孩子只能让孩子的懒惰和依赖无限扩大，根本无法让孩子进行自我约束。作为父母，你不能永远宠爱和迁就孩子，也不能永远提醒和帮助他，因此，必须让他学会自律，让他独立去面对困难，解决问题。

反 思

你曾经散漫过、懒惰过，深知这些的危害。因此，不要因为一时的懒惰和疏忽，也让孩子养成散漫的习惯。学会自律，就是为将来铺好成功之路。在这个纷杂的世界，自律的孩子比那些不能管住自己的孩子更容易获得成功；在家庭、学校、朋友和社区构成的迷宫里，自律的孩子也能更快地找到出口；另外，自律还有助于孩子培养出其他良好的品质。

怎么做？

1. 要形成自我约束力的确比较困难，很多大人都无法做到，但你不能因为困难就放弃。你可以通过提问的方式让孩子学会反省，然后再提醒孩子如何去做，久而久之，孩子就能学会自律。

2. 当孩子出现懈怠之时，也是父母教孩子自律之时，千万不要放弃这么好的机会，纵容孩子的懈怠行为。告诉孩子，今日事今日毕，让孩子做事不留尾巴。或是给他定一个计划，让他按照计划行事，这是一个从"他律"到"自律"的过度，当孩子习惯于此时，他就自然自律了。

3. 规范孩子的日常行为和活动，多和孩子沟通，了解孩子的行为意图，这样有助于你培养他的自律行为。同时，你也要以身作则，做一个自律的人。

4. 培养孩子的兴趣，兴趣是一种动力，可以让孩子学会自律。也可以让孩子进行自我命令、自我记录、自我奖惩，这也有助于培养孩子的自律。

现实是残酷的:
不要让孩子总是生活在童话里

　　每个孩子都喜欢童话,他们沉浸在童话的世界里不能自拔,以为自己就是童话里的王子或公主,不能接受任何与童话不同的东西,甚至在遇到什么挫折时不敢去面对,沉溺在自己营造的童话世界里,把现实的挫折拒之门外。可是,如果一直这样下去,孩子就不能看清现实接受现实,更不用说健康地成长了。

　　不要为了保护孩子不受伤害就掩盖事实真相或是歪曲事实,现实不是童话,不能够胡编乱造。很多时候,现实都是残酷的,你必须让孩子正视它,接受它,不能让他一直生活在童话里。

案例分析

　　喜欢听故事的娇娇,每晚临睡前都会让妈妈给她讲一个童话故事,而且,她特别相信童话里的事情,认定狐狸、老虎、狮子之类的食肉动物都是坏的,因此非常害怕这些动物。

　　"娇娇,我们今天讲老虎和狐狸的故事,好吗?"妈妈来到娇娇房间。

"妈妈，我不喜欢狐狸和老虎，他们那么喜欢吃小动物，我不要听它们的故事。"娇娇捂住耳朵，还用被子蒙住了脑袋。

"它们有那么可怕吗？"妈妈似乎不能理解女儿的反应。"它们整天就知道吃那些可爱的小动物，难道不可怕吗？听了故事我一定会做噩梦的！"娇娇依然躲在被子底下。"好了好了，妈妈不讲就是了，你可以从被窝里出来了！"妈妈妥协了。

妈妈这样做，当然是不妥的。女儿不能面对现实，连听故事都要选择逃避，妈妈应该有所警惕，并且告诉女儿，弱肉强食是自然界的生存法则，食肉动物也有它们的可爱之处。而不是顺从女儿的意思，让她继续逃避下去。

"妈妈，你以后不要给我讲老虎的故事了好不好？我喜欢王子和公主的故事。"娇娇终于把头探了出来。

"没问题啊！只要你喜欢，妈妈讲什么故事无所谓。"妈妈欣然同意女儿的提议。

可是，由于没有得到正确的引导，娇娇现在已经到了"谈虎色变"的地步了，上次幼儿园组织小朋友们去动物园，娇娇竟然被老虎吓得大哭。

童话固然美好，可生活却是现实的，父母如果一味迁就孩子，让他生活在童话世界里，那孩子将不能面对现实，生活也将残缺不全。

作为班里的尖子生，每次都考第一名的旺旺十分骄傲，可上次的考试，却大大地煞了他的威风，他由第一名一下子滑落到第三名。这样的落差让他心里很不得劲，一直不能接受这个现实。

"哼！军军怎么可能考第一名！还有晓亮，怎么可能超过我呢？他们一定是作弊了。"旺旺没有在自己身上找理由，反而怀疑起别人的成绩。

"不行，我一定要找到证据，到老师那里揭穿他们。"一整天旺旺都心不在焉，试图从军军和晓亮身上看出点蛛丝马迹，放学后，还翻了翻他俩的书桌。旺旺什么可疑的现象都没有发现，只好闷闷不乐地回家。

儿子的一举一动都逃不过老妈的眼睛，看到旺旺情绪低落，妈妈立马关心道："儿子，你这是怎么了？怎么像霜打的茄子似的。"

"这次考试没考好，只得了个第三名。"旺旺有些不好意思，声音很小。

"第三名也不错啊，在奥运会上也是块铜牌呢，不用闷闷不乐！"妈妈没有因为孩子成绩下降而责备孩子，反而鼓励孩子，这点很难得。

"可我不甘心啊！军军和晓亮怎么可能超过我呢？他们是同桌，肯定一起作弊了，等我找到证据，就向老师报告。"旺旺依然不肯接受现实。

"旺旺，你怎么能这么想呢？没考好就没考好，关别人什么事！如果你的成绩足够好，他就算作弊也不一定能超过你！再说，你也没有证据证明人家就是作弊得来的成绩。你不反省自己，还在这里猜忌别人，不肯接受现实，这怎么能行呢？"听了儿子的话，妈妈不再温和，连珠带炮地说了一大通。

发现问题，就要解决问题，妈妈在这点上做得很好，她没有给儿子留情面，一语中的，戳中了儿子的要害。儿子那么聪明，自然也能理解妈妈的话。

"嗯，妈妈，你说得对，我没有理由去怀疑他们。现在，我最应该做的是接受失败，从自身分析失败的原因，争取下次第一名。"

"这就对了，现实也许残酷，但仍然需要我们去面对，逃避和找借口可不是办法，也不会让你有任何进步的。"妈妈总结道。

反思

　　孩子的生活需要童话的点缀，但童话绝不是孩子生活的主题。孩子的生活不光有五彩的童话，也有现实的残酷。随着年龄的增长，他们将要面临的问题和考验也越来越多，如果不能接受现实，一味沉浸在童话之中，肯定是不行的。世界是现实的，生活是现实的，应该让孩子学会接受现实，而不是去逃避，要知道，"做梦"不是解决问题的方法。

怎么做？

　　1. 丰富孩子的知识量，扩大他的知识面和眼界，这样可以避免他因为无知而陷入幻想和猜测中不能自拔。

　　2. 现实中的残酷事例有千千万万，你完全有必要摘出一部分讲给孩子听，然后告诉他，想要摆脱这些残酷，逃避不是办法，借口也不是办法，接受并且想办法面对才是最实际的。

　　3. 有时候孩子会因为胆小而不敢面对一些事情，这时候，你就要帮助孩子树立勇气。当然，首先你得了解他害怕的事物，然后向他解释他所害怕的事物其实并不可怕，当他能够勇敢面对时，你必须给予他鼓励和赞扬。

　　4. 千万不要为了保护孩子而蒙蔽他，不让他知道事情的真相。如果真是那样，你就是为孩子营造着骗人宫殿的骗子。孩子如果不能了解真相，又如何能够成长呢？

第十一章

80 后爸妈的拉风意识：
把孩子"打扮"成未来焦点人物

孩子是"未来社会的主宰"，如何教导孩子跟上时代潮流，如何用先进的思想武装孩子，已经成为新生代父母们全力追赶的目标。具有拉风意识的80后希望自己的小帅哥和小靓妹成为未来的焦点人物，引领时代潮流。无论是在穿衣打扮还是在思想意识上，孩子俨然成了父母的"代言人"，一直走在时代的最前沿。

在这个追求个性、标新立异的时代，与众不同且自成一派是众人眼中最拉风的形式，谁也不希望自己的孩子落后别人半点。然而，对于让孩子成为未来焦点人物这件事，你准备好了吗？你知道该如何包装吗？要知道，仅仅拥有前卫的穿着和个性的装扮是不够的，就算是学富五车，有令人叫绝的知识和技术也不一定能够成为焦点，最重要的是让孩子拥有各种各样的能力，能够适应社会发展的需要。

不是笨鸟也要先飞

孩子的成长牵动着每一个父母的心，没有人不希望自己的孩子是一个万人瞩目的"天才"。然而，真正的天才有几个呢，刚出生的婴儿在智力和天赋方面相差无几，想要让孩子在成长过程中渐渐脱颖而出，成为人们眼中的"神童"，你除了要不断地为孩子创造更好的学习环境外，还要在教育方法和教育理念上下工夫。

80后是前卫的一代，教育孩子也一定要秉持超前的教育观念，千万不要让落伍的教育理念、滞后的教育方法扼杀了天才，阻碍孩子飞翔。教育孩子不容怠慢，就算不是笨鸟，也要占得先机，只有这样孩子才能飞得更高。

案例分析

才当上爸爸，小磊就开始琢磨把孩子往什么方向培养，还和妻子商量起来。

"老婆，我想给儿子买点拼图、挂画、小玩具什么的，教他发音、认字。这样的互动不仅可以加强和孩子的感情，也能及早地培养孩

子的动手能力和学习能力。你觉得呢？"小磊说出自己的想法。

"老公，现在做是不是有点早啊？"妻子觉得小磊的提议很突然。

"不早了，老婆！你没听人家说吗？教育从零岁开始。我从书上了解到，孩子刚出生时差别都不大，他能否成才全在父母的教育，早期教育尤为重要。不要以为孩子聪明伶俐，就不需要引导和指点，要是错过了良好的教育时机，孩子没有别人优秀，你不觉得很亏吗？"小磊的忧患意识还真强。

"没那么严重吧？我看儿子挺好的，我那么聪明，你又那么能干，他将来必能成大器。你现在教孩子这些东西，他能听得懂吗？"妻子还是不能接受老公的提议。

"你怎么知道他不懂，小孩子精着呢！可不要小看他哦！我们就当陪他玩还不行吗？他要是不乐意，咱就不教了。"小磊依然坚持着。

"好吧！就当陪儿子玩了，你可不能强迫他学习。"妻子勉强同意了小磊的决定。

果然，经过早教的儿子，刚上幼儿园，不仅接受新事物的能力比别的小朋友强，而且动手能力也强，性格还活泼开朗，和小朋友们相处得很融洽。小磊夫妇十分欣慰，妻子也十分庆幸老公有先见之明。

俗话说"笨鸟先飞早入林"，如今的孩子都不是笨鸟，如何才能让他在众多对手中脱颖而出更加优秀呢？那就要插手孩子的教育，不要对他的成长抱观望态度，让他更好地成长。

儿子特别不听话，经常在幼儿园惹祸，这让红霞头疼不已。可冬梅却有一个又乖巧又聪明的女儿，明明是两个年龄相差无几的孩子，怎么就那么大的差距呢？红霞决定向冬梅讨教一下。

"冬梅，你是怎么教女儿的啊？她真是太讨人喜欢了。"红霞有点羡慕地说。

"你过奖了，她就是比较听话。"冬梅谦虚道。

"唉，你还跟我谦虚什么啊！我今天来，就是向你讨育儿经的。我儿子淘气死了，上课不好好学习，小动作特别多，还爱招惹别的孩子，为这事，老师都找我谈好几回了。"红霞抱怨儿子不省心。

孩子出现问题时，父母要做的不是抱怨，而是反省自己。是不是忽略儿子了？是不是在教育孩子上出错了？孩子不会无理取闹，他们淘气肯定有一定的理由。

"可能是你们都太忙，把孩子给忽略了吧！我也没刻意去教孩子，就是经常和她一起读唐诗宋词、名言警句什么的，给她买了一些儿童读物、小画册，教她认字。有空也一起做做游戏，让孩子觉得爸爸妈妈很在乎她。都是一些力所能及的小事，哪有什么育儿经！"冬梅回答道。

"他爸经常出差，我开个小店也没工夫管他，可能是对他的关心太少了吧！"红霞开始反省了。

"别着急，孩子还小，现在关心还来得及，要是等他长大你再后悔就迟了。工作再忙也不能忽视孩子啊，如今这社会，要想让孩子生活得更好，你就必须下劲去教育孩子，笨鸟还要先飞呢！咱不是笨鸟，更不能落后不是？"冬梅在安慰红霞的同时，也给她敲了一个警钟。

反 思

你可以不是天才，但你可以成为天才的父母。那些"天才"的子女，其实不是智力超群或拥有特异功能，只因他有一个会教育的父母，

父母运用了科学的方法，开发了他巨大的潜能！"早期教育"作为一种教育手段，能让孩子的成长实现质的飞跃，父母越早认识到这点，孩子成为焦点的可能性就越大。要想让孩子成为一个天才或是某一方面的奇才，就应该在早教上下工夫，让孩子能够做到，不是笨鸟，也要先飞。

怎么做？

1. 天才等于99%的汗水加上1%的天赋，你必须明白这一点。想让孩子成功成才，就要用心教育孩子，不要让孩子输在起跑线上。

2. 根据孩子的特点对他进行特色教育，就算是早教也不能人云亦云，想要孩子出人头地，就不能让他成为复读机、书呆子。

3. 多关心孩子，不要忽视他成长中的任何事情，为他排除成长道路上的阻碍，让他能够尽情地展翅高飞。

4. 你一定不会怀疑孩子的聪明才智，但正是因为这样，你才对他的教育有所忽略。有时甚至为了让孩子享受足够的自由而放弃教育孩子，你这样想可不对，孩子的成才离不开知识的积累！

每一个奇迹的源泉：
想象力

当孩子告诉你，天边的白云像爸爸刮胡子时留下的白沫；妈妈发起火来像只脾气暴躁的火鸡时，你不应该生气，不应该觉得孩子荒唐，因为这些都源自孩子丰富的想象。

当思维插上了想象的翅膀，它便像精灵一样游走在孩子五彩斑斓的世界里。从此，孩子的世界里便衍生出了更多新奇的画面，古灵精怪的构思，想象力就是一种无穷的能量，它能够指引孩子不断地创造奇迹。

案例分析

周末，祥子开车和四岁的儿子去郊外玩，欣赏大自然美景的同时，也呼吸一下新鲜空气。

经过一处风景不错的地方，祥子把车停了下来，和儿子靠在车边欣赏起来。

"儿子，你看远处的白云漂亮吗？你觉得它像什么？"祥子问。

"爸爸，我从来没见过这么漂亮的白云，它真像一床软软的羽绒被，我好想躺在上面睡上一觉，一定很舒服！"小家伙的想象力真不是盖的。

"哈哈！的确像羽绒被，儿子，你真会想象！那你看对面的山，像不像一条绿色的毯子？"祥子继续发问。

"嗯，可以看做绿毯子，但我觉得它更像一条绿色的丝带，很长很长的那种。"儿子连山的形状都融入到想象中去。

爸爸引导孩子进行想象，并对孩子提出表扬，无形中激发了孩子的想象力，是聪明的做法。

"你的小脑袋里稀奇古怪的想法还真多，谁教你的啊？"祥子以为儿子受到了这方面的训练。

"这还用教啊！想一下就知道了。"儿子惊讶于爸爸的问话。

"这样啊！那回去以后，你能不能把你今天看到的景物全部想象一遍，然后写出来。看看它们到底像多少种东西，比如绿色的山可以像绿地毯，也可以像绿丝带。凭你的奇思妙想，爸爸相信你一定写出很多来。"祥子开始培养儿子的想象力。

给孩子一个问题，你永远猜不到他下一秒会有怎样新奇的回答。既然孩子有这种想象的能力，你就应该给他足够的自由和空间，让他尽情挥洒自己的想象。

儿子最近越来越调皮了，总是和白素较劲，让她十分烦恼。

"妈妈，我觉得咱家的墙应该弄成蓝色或者黄色，我不喜欢白色。"儿子拿起画笔开始涂墙。

"就你的想法多，白色干干净净的多好啊！不许胡闹！要是再让我看到你在墙上乱画，小心我揍你！"白素十分恼火，一把抢过儿子的画笔。

有时候，不是孩子和父母较劲，而是父母和孩子作对。孩子不会故意无理取闹，当父母不能满足他，还一味打压他时，他才会反击父母。儿子在墙上乱涂乱画固然不对，但他的想法却没有什么问题啊!

"妈妈，你把画笔还我吧! 我不在墙上画了，我去画白云爷爷总可以吧!"儿子想要回画笔。

"画画可以，但也不能乱画，白云就是白云，不是爷爷。"白素依旧用自己的想法去禁锢孩子。

"为什么白云不能是爷爷? 你看他那么白，和爷爷的白头发很像。"儿子反驳道。

"就你主意多! 做事情要实事求是，哪能胡来，你要画就好好画，不画就算了。"妈妈坚持自己的意见。

爱因斯坦说:"想象力比知识更重要，因为知识是有限的，而想象力概括着世界上的一切，是知识进化的源泉。"孩子的想法其实很简单，想到什么就说什么，也许在你看来既幼稚又无知，但那是他的想象，你为什么非要阻挠呢? 想象对一个孩子来说多么重要啊! 他是孩子快乐的源泉，也是孩子创造奇迹的开始。父母如果一直阻挠，只会让孩子失去想象力，影响他的快乐成长。

反 思

孩子的想象力永远丰富多彩，而且无穷无尽。只要你能给他足够的鼓励，他就能够创造奇迹，给你惊喜。千万不要自以为是地给孩子灌输所谓的"标准答案"，那样只会抹杀了孩子的想象力，让孩子循

规蹈矩，不敢发表任何异议。一旦离开了标准答案，他就会不知所措。千万不要成为扼杀孩子想象的刽子手，让他在你"专制"下丧失想象。如果爱孩子，就应该呵护好孩子灵感的源泉，为孩子的想象插上飞翔的翅膀。

怎么做?

1. 尽可能多地让孩子去观察客观事物，通过观察，孩子的心里会形成大量的实物形态，这样，当他遇到一个没见过的东西时，就能用已知的事物描述出来，不会缺乏想象。

2. 引导孩子多听故事，然后让他想象故事里的人物或场景，还可以鼓励他画下来。这是一种很好的培养想象力的方法，孩子会通过语言的描述在脑海里自成一个场景或形象，这个过程就是想象的过程。

3. 不要去阻止孩子的想象，不管他的想象有多么不合理，你都应该尊重他，他爱怎么想是他的权利，就算作为他的父母，你也无权干涉。

4. 你也可以通过发问来培养孩子的想象力，用发问的方式去引导孩子多思考，多想象，让他从一件事上看出不同的问题，这个过程也是培养孩子发散思维的过程。

勾画孩子七彩人生的力量：
创造力

童年是充满幻想的时期，这时候，孩子会有许多幻想。这些幻想在父母看来也许是可笑的不切实际的，也可能无聊透顶，但那却是孩子形成创造力的开端。也许你会好奇，孩子堆积木、画插画、玩贴纸到底有什么意思呢？可正是这些东西培养着孩子的创造力。

创造力是指产生新思想，发现和创造新事物的能力，它是成功地完成某种创造性活动所必需的心理品质，也是一流人才和三流人才的分水岭。作为父母，你要做的是培养孩子的创造力，而不是以你认为孩子的东西无聊无趣无意义为由，禁锢孩子创造力的发展。

案例分析

下班回来，海天看见女儿很认真地在画画，便悄悄走到女儿身后，仔细观察起来。

女儿画了小木桥，流水，远处的山，甚至连水中的小石块，岸边树木的倒影都画得惟妙惟肖。特别是小木桥，用色独特，格外抢眼，

引起了海天注意。

"宝贝，为什么小木桥的颜色是绿色的？我们家附近的木桥可是棕色的！"爸爸疑惑地问道。

"因为我希望它是会呼吸的小桥，所以涂了绿色。我们家附近的小桥可不会呼吸！"女儿煞有介事地说。

"为什么会呼吸的小桥一定是绿色的呢？"海天继续问。

"因为草是绿的，树叶也是绿的，而且他们都会呼吸。那么，会呼吸的小桥也一定是绿色的。"女儿眨着眼睛看着海天。

孩子的世界就是这么简单有趣，当你深入了解之后就会发现，那些看似没有根据的事情，经过孩子的描述，就变得很新颖很特别了，而创造力就是在这种过程中慢慢形成的。

"嗯，宝贝，你的想法很棒！能把小木桥画得这么美又充满活力，爸爸觉得你是最了不起的画家。"海天摸着女儿的头，欣慰地笑了。

爸爸连续的几个"为什么"，让孩子思索自己行为的同时，也让爸爸感受到了孩子的创造性。其实这个问"为什么"的过程，也是提高孩子创造力的过程，孩子的思想通过问题得到升华，自然也是创造力的一大进步。

大鹏下班后，发现花园的空地上多了好多坑，小铲子小桶等工具摆得满地都是，一看就知道是儿子的"杰作"！

"萌萌，院子里的坑是不是你挖的？"大鹏把儿子叫到跟前，准备严厉地批评他一顿。

"老师布置作业，让我们观察小树的成长过程，我们小区的树都长大了，所以我想自己种一些！"萌萌委屈地低着头。

小孩子的想法总是千奇百怪，或许前一秒他们只是嘴上说说，下一秒他们就能造个地球出来。从无中生有到亲自实践，他们的创造力就是在这样的一举一动中变得精彩异常。

"小树从树苗到长大是一个很漫长的过程,不是你想的那么简单!况且你把院子弄得到处都是坑,爸爸还得花时间清理!"爸爸一脸严肃。

"时间长我可以等啊,我可以用相机把他们一天天的变化拍下来,那样会更生动!要是把小树种到坑里,坑不就被填满了?爸爸也就不用花力气清理了呀!"萌萌一脸自信。

"那也不行,这些树种的不是位置,把咱家整体的绿化都给打乱了!"爸爸不依不饶。

"可咱家只有那块绿地可以种树啊,其他地方都是水泥!"萌萌回答得非常迅速。

爸爸听了萌萌的话,无言以对,只好答应了他的要求。

家长们休想用自己成人化的想法阻挠孩子的创造力,他们稀奇古怪的想法总能让你瞠目结舌。如果你为了不让孩子给你制造麻烦,就阻止孩子进行创造性的活动,无疑也会扼杀孩子的创造力。

反 思

创造力是社会进步的保证,也是现代人才必备的能力。如果你希望孩子跃于众人之上,那就必须让孩子具备创造力。千万不要用你的固定思维去打扰孩子,讥讽和嘲笑孩子不同于常人的行为想法。聪明的父母,要善于尊重孩子引导孩子,开发孩子的创造力,鼓励孩子去发明创造。要知道,创造力相当于孩子手中的画笔,有了它,孩子的人生才会更加多彩多姿。

1. 不要给孩子灌输"标准答案",你要根据他的兴趣爱好学会提问和反问,让孩子学会思考,并鼓励孩子动手,思考和动手的过程能提高他的创造力。

2. 鼓励孩子去想象,想象力是创造力的源泉。只要他可以异想天开,就不会人云亦云,就会拥有创新能力。

3. 让孩子跳出常规,学会用新眼光看待旧事物,这是培养孩子创造性思维的基础。一旦他习惯了这种思维,当再次遇到问题时,他就会用不同的思维方式为自己遇到的新挑战、新情景或新问题找解决方案。而不是毫无主见,不知所措。

4. 别让你的"不"阻碍了孩子创造力的发展,你应该多鼓励孩子进行发明创造,只有他拥有自我操作能力,才能更好地发挥创造力的作用。

放开呵护的手：
自立的孩子早当家

生活在父母"蜜罐"里的孩子，过着衣食无忧的日子，一旦离开父母的怀抱，就会受到严重打击，在这世上不知道如何生存，更不用说获得成功和青睐。

想让你的宝贝更好地生活，你就应该放开呵护的手，让孩子学会自立。物质生活水平的提高不应该是阻止孩子自立的理由，越爱孩子就越不能让他在温室里躲避风雨的侵袭，只有深深扎根在生活的土壤里，你的花朵才能绽放得更加璀璨夺目！

案例分析

岩岩，十岁，母亲身体不好，靠药物维持生命。父亲靠务工赚取微薄的收入。

父亲常年在外，小小年纪的他就要承担照顾母亲的责任，不能像其他孩子一样无忧无虑，父母对此一直很内疚。可岩岩却异常懂事，知道自己该要什么不该要什么，而且能恰到好处地让父母高兴，少

为他操心。

"穷人的孩子早当家",岩岩的生活印证了这句话。生活的艰辛让岩岩变得坚强和独立,父母不得已地放手,反倒成全了岩岩的自立。

八岁时,岩岩已经学会做饭了,洗衣服对于他来说也不是什么难事。

十岁时,他已经赚钱了——寒暑假期间,岩岩便在镇上摆个摊卖些水果、蔬菜。而且,小孩谋生的场景,往往很引人注意,好多人都在岩岩这儿买东西。一个暑假下来,岩岩可是没少赚,握着那些皱巴巴的钱,岩岩首先想到的是生病的妈妈:"妈,你看我有钱了,能给你买点好的营养品了。"岩岩骄傲地说。

"这是你辛辛苦苦攒下来的钱,妈妈不能要,还是留着自己花吧!"儿子越懂事,母亲越内疚。

"能给妈妈买点东西,我高兴还来不及呢!妈妈,我可是咱们家的男子汉,有义务照顾好你。"岩岩坚持为妈妈花钱。

"嗯,了不起,既然你已经是个男子汉了,那这笔钱你就自己拿着,买什么妈妈都不反对,你可以自己当家。"母亲的声音有些哽咽。

"那好吧,妈妈,爸爸不在家时,我就是家里的男主人,我一定会当好这个家,你放心吧!"岩岩俨然一副男子汉的样子。

家庭困难对岩岩来说也许是不幸,但能够这么懂事自立,又是他的幸运。父母的放手成就了岩岩,虽然只有十岁,但他已经承担起男人的责任,成为一个真正的当家人。比起那些还躲在父母怀抱里不愿出来的同龄人,岩岩要出众得多,这样的他,也是人生之船在航行中最勇敢的舵手。

"妈妈,从今天开始我要自己洗袜子,我还要跟您一起打扫厨房,更不要您亲自为我端饭、摆碗筷了!"八岁的嘉伟放学回家后对妈妈说。

"宝贝，你今天是怎么了？怎么突然要自己干活了呢？妈妈爱你，愿意为你做任何事情，你还小，现在不用做这些事情。"妈妈说着还在嘉伟的脸上亲了一口。

"中午吃饭时同学们都说自己能帮家人干活了，我觉得很惭愧，我从来没有帮你做过什么。"嘉伟羞愧地低下了头。

"他们说他们的，我家宝贝不需要那样做！有妈妈在，不需要你做什么，你把学习弄好比什么都强。"妈妈摸了摸嘉伟的头，疼爱地说。

孩子有自立意识，妈妈不但不鼓励，还想打消孩子的念头，这样的行为不仅会让孩子失去自立的机会，甚至会让孩子变得懒惰起来。

"可我已经八岁了，连自己的袜子都不会洗。将来长大怎么生活啊？又怎么担当起这个家呢？我看隔壁的莲莲都会帮妈妈买菜和倒垃圾了！"嘉伟犹豫道。

"宝贝，离你当家还早呢！到时候你自然就会了，不用操心，再说了，做家务这种事不是还有保姆嘛！"妈妈力图让儿子放弃自立的念头。

很多时候，父母都会犯这样的错误，不让孩子动手去做力所能及的事情，以为孩子任何独立行动都是危险的。其实，真正的危险不是放手，而是不放。要知道，孩子只有锻炼了才会成长，父母的一味保护和娇惯，只会让孩子变成一个懦弱无能的人。长此以往，孩子失去独立的兴趣，那他在将来就很难做一个家庭的主人！

反　思

　　父母的溺爱是孩子自立的最大杀手，如果你希望子女能够自立，不依赖大人，就要做到不溺爱孩子，不事事替孩子做主。要学会放手，不要因为爱孩子而害了孩子。未来的社会需要独立自主的人，未来的家庭也需要能当家作主的人，要想让你的孩子成为未来社会的焦点人物，就必须让他成为一个自立之人。让孩子自己去拼搏吧！风雨可以锤炼他坚强的意志，也可以锻炼他自立的精神。

怎么做？

　　1. 你要给孩子做事的机会，不要什么事情都做了，让孩子无事可做。必须让孩子离开你的庇护，只有这样他才能够成长，躲在父母羽翼下面，永远不可能独立起来。

　　2. 让孩子学会做家务，一个当家人必须是一个能够独立生活的人，如果连基本的生活都安排不好，孩子如何自立？

　　3. 不要怕孩子受到伤害，也不要担心孩子承受不了失败。没有错误他就无法真正成长，在他自立的过程中，难免会出错，你要做的不是替他担心，而是鼓励他排除万难，勇敢面对失败和挫折。

　　4. 不要让孩子依赖于你，不要事事都装作一副很强的样子，适当地向孩子示弱，孩子就会变得强大起来。坚持让孩子自己的事自己做，让孩子学会帮助家人，为家人分忧，这些对于培养他的自立精神十分必要。

父母千万不要掉队：
和孩子并肩作战

俗话说："活到老，学到老。"教育孩子的过程也是父母学习的过程。父母作为孩子的"风向标"，一旦出现任何纰漏，就会对孩子的前途造成影响！当让孩子学习那一项项技能，培养孩子养成良好的品质、习惯、性格时，你不妨扪心自问一下：这些能力我拥有吗？这些品质我具备吗？

如果你没有那么优秀，就必须努力学习，和孩子并肩作战。你不能一味地要求孩子，自己却停滞不前，树立好榜样才能带出好徒弟。

案例分析

赵永民，二十九岁，某公司华北区总监，女儿赵雅淑两岁。在某次全体员工会议上，赵总给大家讲述了自己在教育孩子方面的点点滴滴。

"我女儿两岁，我希望她像我一样，会说一口流利的英语，因此我给她买了很多儿童英语读物！"赵总一开口就摆明了自己的观点。

"孩子那么小，你确定她会看那些书吗？"有员工问道。

"这话问得好，孩子不知道父母对她的期望，完全根据自己的意愿来做事，喜欢了就看不喜欢就不看，但她喜欢和父母在一起，如果父母看书，她也会有兴致看。"的确，用行动给孩子做示范，孩子怎么可能不模仿呢！

"赵总，难道你和孩子一起看儿童英语读物？您的英语水平那么高，还需要看这个吗？"又有人提出疑问。

"话不能这么说，活到老，学到老嘛！孩子的东西有很多我也是半懂不懂的，教孩子的过程也是我学习的过程啊，和孩子一起看书，不仅能学到新东西，作为父母，也起到了带头作用。何乐而不为呢？我希望她背《三字经》，起码我要会背吧！万一孩子的问题你答不上来，孩子会怎么想！"赵总果然不一样，一语道破教育孩子的秘诀。

"如果孩子不听话怎么办呢？"疑问一个接一个。

"孩子当然会有任性的时候，但他一时不听不代表永远不听，只要你的表率做得好，孩子耳濡目染就能学会！千万别嘴上一套，行动一套，不让孩子看电视，自己却看电视剧看得声泪俱下。不要和孩子分得那么清楚，越是能打成一片，越容易和孩子成为良师益友。"赵总的经验真不少，听到这里，大家都若有所思。

要相信榜样的力量，只要父母起到了表率作用，不愁孩子不学。在这个过程中，父母可能也会遇到困难，但是千万不要放弃，教育孩子不能掉队。要让孩子成为优秀的人才，父母首先要学会自省，让自己也成为优秀的人。

凌志有很多玩具，每次有小伙伴来家里，他都会把玩具一股脑都拿出来和大家玩，可每次玩过之后，他都忘了要收起来。当妈妈提醒他别忘了收拾好放回原处时，他还不耐烦，经常敷衍妈妈："放心吧，我忘不了，你都交待很多回了。"

这次也不例外，下楼送走小朋友后，凌志高高兴兴朝家走去，刚开门就被什么东西给绊倒了。凌志正要发火，才发现绊倒他的是一个汽车模型。

"凌志，你刚才答应妈妈什么了？"听到声响，妈妈走了过来。

"我答应什么了？我什么也没答应！"凌志开始耍赖。

"是吗？谁说玩具玩过之后要放回原处的？"妈妈试图提醒他。

"我怎么知道，反正不是我说的。"凌志还想抵赖！

"你怎么这么可气！小心我叫你爸爸来凑你。"妈妈生气了。

"凌志，怎么回事？你又惹妈妈生气了？"爸爸闻声赶来。

"我才没有，她总是没完没了在我耳边唠叨，不就是车模没放回原位吗？！有什么大不了的！"凌志一点反省的意思都没有。

"自己的事自己做，你把车模拿出来了，就要把它放回去，妈妈说你是应该的。"爸爸教训道。

"你凭什么说我！你还不是一样，每次打球回来都把衣服、鞋、袜子到处乱扔，吃完饭的碗更是往厨房随便一摆，你有什么资格要求我！"凌志反驳道。

听了儿子的话，爸爸的脸刷一下红了。的确是，如果自己没有做好，又如何去管教孩子呢？

"好了，你们父子俩也别吵了，凌志，你去把玩具都收好，老公，你也把你的脏衣服扔到洗衣机里。从今以后，你们要互相监督，共同进步。"妈妈出来打圆场。

你永远无法估计孩子从父母身上学到了什么，也不会知道自己或好或坏的行为习惯会给他带来怎样的影响。因此，你必须要努力做到让孩子无话可说，就算有缺点，也要和孩子一起并肩作战，共同改正。

反 思

父母希望孩子成才，对孩子要求严格，希望他事事尽心尽力，这本无可厚非。可你不该只要求孩子，却放纵自己，这对孩子来说并不公平。你应该让孩子觉得，他不是一个人在战斗，父母永远和他在一起。不要等到孩子反抗时，你才意识到自己对孩子的苛求；不要等到孩子反问你时，你才反省到自己的不足。教育是场硬仗，由不得半点胡来，它需要父母和孩子的共同努力才能取得最终胜利。

怎么做?

1. 在给孩子布置任务和提出要求时，问一下自己，如果是我，我能做得到吗？如果你不能很好地起到带头作用，就要和孩子一起学习，共同进步，而且不要对孩子过于苛求。

2. 给孩子自由，相信他的能力，不要质疑他，让他多做些力所能及的事！很多家务活你都可以和孩子一起去做，这样会让孩子有一种与父母并肩作战的感觉，也能给他自信和力量。

3. 善于发现孩子的优点，并谦虚地向他学习。不要以为你是大人就什么都会，你完全有必要向孩子学习，孩子的善良、纯真、活泼都是你应该学习的。

4. 努力接受新事物，要想和孩子保持良好的沟通，你就不能和时代脱钩，必须时时学习，千万不可掉队。比如了解一下现在孩子们流行什么，留心当下的时势以及教育方面的举措，学习最新的教育理念等等。